齐 鲁 文 化 与 治 国 安 邦 | 张文珍 王凤青 主编

齐鲁文化中的
政德思想

李素英 著

人民出版社

目　录

三、儒家文化中的政德思想

四、齐鲁文化中政德思想的传承与发展

五、齐鲁文化中政德思想的当代价值

绪　论

　　周公的"德政"对于中国传统社会文化的更新递进，以及民族生存方式的抉择完善，具有极其重要的政治意义和影响深远的文化价值。周初分封时，齐、鲁两国是西周王朝极其重视的封国，从而担负着特殊使命，在春秋以后王室衰微、列国征战不已的历史条件下，两国又都扮演了重要角色。鲁国保存周礼，儒、墨两派兴盛；齐国诸子并作，稷下各家争鸣，鲁国、齐国竟至成为那时中华文化的中心区域，无论在当时还是后世，都产生了重要影响。

在齐鲁文化中，实现国家乃至世界的和谐有序是其政治理想，而实现这一理想的途径，则是通过为政者的修身来推行礼乐教化。正是在此基础上，齐鲁文化形成了一套系统的政治学说和修身思想。因此，齐鲁文化中的政德，既指以道德作为治国原则，也指为官者应具有的道德修养，主要包括三层含义：1."为德而治"，指政治实践目标应合乎道德，包括政权和国家存在的合德性；2."以德而治"，指政治实践本身要合乎道德，包括政策、规则和制度的合德性；3."由德而治"，指政治实践主体要有道德，包括为政者的德性、道德原则和规范。[①] 这就使得齐鲁文化无论是在个人的道德修养方面还是在国家治理方面都独具特色，其所蕴含的价值观念、道德体系、修身智慧及治国理政经验影响了中国几千年。

齐鲁文化中有关政德的认识，源自西周。从周人历史来看，周族作为长期臣服于夏、商两朝的一个地方政权，为了谋求自身的生存与发展，从公刘开始，历经古公亶父、季历、文王等首领，在其创业过程中，都能积德行义，笃仁行孝，敬老慈少，礼贤下士，注重倡导道德，管理教化民众。特别是文王，继承后稷、公刘开创的事业，仿效祖父古公亶父和父亲季历制定的法度，敬老爱幼，礼贤下士。在他积善累德、精心治理下，周族国力日渐强盛，为灭商奠定了基础。应该说，周代

---

① 参见郜爱红：《政德论：心理结构与伦理行动的二重维度》，中国人民大学出版社 2019 年版，第 2、3、9 页。

德政，是周人重德文化长期熏陶与发展的必然结果。

　　夏、商两朝一般被认为是神权巫术政治统治的时代，"殷人尊神，率民以事神，先鬼而后礼"（《礼记·表记》），商纣王"我生不有命在天"（《尚书·西伯戡黎》）。殷商政权的统治一定程度上是建立在依赖上帝与天命保佑的信仰基础之上的，王权通过神权起作用。而武王伐纣，殷商灭亡，一个被认为没有天命、只能为臣的新王朝，取代了称王数百年且被认为享有天命的旧王朝，其新君号为天子，并广封诸侯，这种巨大的历史变革引起了人们思想观念的变化，于是"天命靡常"（《诗经·大雅·文王》），"皇天无亲，惟德是辅"（《尚书·蔡仲之命》）的新观念出现。周人一方面肯定天命的威权和地位，周公不管讲什么或做什么，都声称是上天的意志和命令，一方面则注入新的时代内容，提出"德"字对其加以改造。在《尚书·召诰》中，周公指出，夏、商之所以丧失政权，主要原因就是夏桀和商纣"失德"。周公认为，夏人不听上帝规劝，为政不行善德，不能节制自己的淫乐放荡之举，才有"成汤革命"之说。成汤及其之后的诸王，汲取夏人教训，力行德政，尊祀上帝，于是受上天之佑，平安得治。可是，自商王祖甲以后，不懂得耕种收获的艰难，不关心普通老百姓的辛劳，只追求纵情享乐，政权因此衰落。到了商纣王时，更是不听上天教诲，欺骗上帝，重用奸佞，残害贤良，滥施酷刑，不顾民难，不问民苦，横征暴敛，荒淫无度，最终为周所灭。而小小的邦周之所以能够被天选中代殷商而起，正是因为周人实施了重视德治的政治策略，特别是其奠基者周文王，崇德慎罚，用可用，敬可敬，威可威，获得上天之佑，兴盛了小邦周。这样一来，"天"就不再与唯一的氏族、君权相关联，而是可以随着执政者"德"的有无发生转移。殷商灭亡，天命转移至周，"皇天"成为周的授命者、保护神。

这种天命观的转变，带来的是忧患意识的产生。周王朝以武力取代殷商之后，汲取夏、商灭亡的历史教训，担心自己失德震怒天、帝，导致天命被取代，便有了《易传》中所说的忧患意识。正如徐复观所指出的，忧患是一种责任感[①]，但它也是一种忧虑的情绪和思考的理性，或者说是二者同时作用下的一种心理状态。它强调的是人的主动与自觉，突出的是摆脱未来困境的主观努力。例如《尚书·召诰》中，召公训诫成王："王承受了天命，说到吉庆是无穷的，说到忧患也是无穷的。唉，王啊，你怎么可以不加警惕呢?"他回顾三代历史，以突出敬德与天命之间的关系。在召公看来，幸福为上天所降，只有永远处在忧患之中，保持戒惧之态，天命才能永保。所以，他接着疾呼："呜呼! 天亦哀于四方民，其眷命用懋，王其疾敬德。"上天同样哀悯赐福于四方之民和勤勉之人，所以他劝

---

① 徐复观认为忧患心理的形成，乃是从当事者吉凶成败的深思熟虑而来的远见；在这种远见中，主要发现了吉凶成败与当事者行为的密切关系，及当事者在行为上所应负的责任。忧患正是由这种责任感而来的要以己力突破困难而尚未突破时的心理状态。所以忧患意识，乃人类精神开始直接对事物发生责任感的表现，也即精神上开始有了人的自觉的表现。参见徐复观：《中国人性论史·先秦卷》，九州出版社 2014 年版，第 19、20 页。

诚成王要急切地谨慎于德行，要好好地努力于保民。周公也一再告诫成王"不可不敬德"，并举夏、殷两朝因"不敬厥德"而终于失去"天命"作为前车之鉴。最后，周公郑重叮嘱成王："王其德之用，祈天永命。"即成王必须依靠自己在人事方面的不断努力，积累"德行"，才能继续保持已得之"天命"。也就是说，在王德和天命二者之间，天命虽然是至高无上的，但德是其转移与否的关键。

这就由对天和天命的单纯信仰，转向对统治者自身行为提出高度要求。《尚书·多士》篇中，周公说："正因为上天不把大命给予信诬怙恶的人，我们下民的所作所为，应当敬畏天命。"《尚书·无逸》中亦讲，统治者要小心地敬畏天命，要重视修养自己的德行，不可沉迷于观赏、安逸、嬉游和田猎之中，不可只是使老百姓进献赋税供自己享乐，要体恤民情、民生、民之疾苦，勤政爱民，这就有了敬德、修德的观念。周初统治者的"敬德"观念，马平安认为，主要可以概括为以下方面：第一，"知小人之依"（《尚书·无逸》）。这里的"依"，意为隐痛。人君要能够体察民生隐痛，引导民众走上安康的生活之路。因为"天视自我民视，天听自我民听"，"民之所欲，天必从之"（《尚书·泰誓》），民意即是天意。第二，"明德慎罚"。《尚书·吕刑》说："惟敬五刑，以成三德。"慎罚是明德最重要的体现，统治者决不能将个人意志强加于法律之上，其自身行为也不能脱离法律轨道，必须依法办事。第三，"君子所其无逸"（《尚书·无逸》）。周公担心正直盛年的成王耽于享乐，

山东曲阜周公庙

荒废政事，要他宵旰勤政，以民事为务。第四，"立政其惟克用常人"（《尚书·立政》）。在周公看来，用人得当与否，实为关系国家兴亡的大事。所以，他要求从今以后，继位君王设立官员，必须任用恪守常道常德的人①。据《尚书·武成》所载，武王伐商成功、被推举为天下共主后，颁布施政纲领，谋求长治久安，基本内容就是设官分爵，以保社会有序运行；颁布礼制，教化民众；崇信明义，引导社会风气；选贤任能，重用人才。由此来看，周人所谓的"敬德"，只是指合理而慎重的作为，还没有达到修养"内在德性"的层次。

---

① 参见马平安：《周公治国——家国同构与敬德保民》，中国文史出版社2022年版，第141—143页。

由"敬德"进而有"明德"的观念,《尚书·康诰》说:"惟乃丕显考文王,克明德慎罚,不敢侮鳏寡,庸庸,祇祇,威威,显民。"周公要康叔学习先祖文王德行,光耀先祖文王美德,任用那些该任用的人,尊敬那些该尊敬的人,惩罚那些该惩罚的人,并在处理刑罚的时候,明智谨慎,公正负责。他还说,上天不但决定人间祸福吉凶或年头长短,而且把大命赐予圣哲。因此,只要统治者好好地尽己明哲,便是"敬德",便是"克明德慎罚",幸福与天命也就不会被剥夺。由此来看,一切固保天命的方案,都在统治者的人事之中,在敬德、在明德、在勤治,最重要的是在保民。

"德惟善政,政在养民。"(《尚书·大禹谟》)正如周公所言:"则以观德,德以处事,事以度功,功以食民"(《左传·文公十八年》),从统治者德行开始的礼则、事功,最后都要归宿于"食民"即养民、保民。周公从商亡周兴的历史事件中,感受到了民众的力量。因此,在周公所作的《大诰》《康诰》《酒诰》《洛诰》《无逸》《梓材》《多士》等诸诰中,"民"字频繁出现,"用保乂民""用康保民""应保殷民"等,"保民"的思想成了其德政的核心内容。离开了"保民",就谈不上施德政。怎样才能"保民"呢?周公再三告诫群臣子弟,一方面要约束自己的心思和行为,不可作怨于民,否则上行下效,国家大乱;另一方面,还要体察民情民意,重视和关怀民人疾苦。

总之,以周公为代表的西周统治者认识到敬德对于永葆天命的极端重要性,于是制礼作乐,试图通过礼乐制度把敬德观念固化于人心，落实到政治统治与立身行事之中。这样一来，周公政德思想及其实践，开启了中国政治以德治国的先河，开启了中国文化对于人的存在的自觉认识历程，表明了周初统治者在对天、人、德、政的关系认识中，发现了民众是国家的治理主体，认识到了统治者道德好坏在国家政权兴衰存亡中的重要作用。周公的"德政"，对于中国传统社会文化的更新递进，以及民族生存方式的抉择完善，无疑具有影响深远的政治意义和极其重要的文化价值。

齐、鲁两国远在东方，周初分封时两国都是西周王朝极其重视的封国，从而担负着特殊使命，在春秋以后王室衰微、列国征战不已的历史条件下，两国又都扮演了重要角色。鲁国保存周礼，儒、墨两派兴盛；齐国诸子并作，稷下各家争鸣，竟成为那时中华文化的中心区域，无论在当时还是对后世，都产生了重要影响。春秋战国时期齐、鲁两国的文化是齐鲁文化乃至中国传统文化发生、发展的关键时期，那么，研究这一时期齐鲁文化中的政德思想便具有不同寻常的意义。

一、齐文化中的政德思想

先秦五百年历史中，齐国始终居于显要地位。由于深受东夷文化之仁爱和周文化之明德的影响，齐文化留下了丰富的以德治国思想，涌现出众多讲求节操、明于礼义、不畏权势、不慕富贵的高迈之士。这些德治思想、道德文化，既是博大精深的齐文化精神和精华的体现，也是中国传统文化中的瑰宝，有着重要的借鉴价值和启迪意义。

齐国是姜尚的封国。姜尚，名尚，字牙（又作子牙），祖封于吕，因以为氏，又名吕尚，《史记·齐太公世家》称其为"东海上人"。姜尚出身贫贱，传说曾在渭水河畔钓鱼，周文王知道有这么个人后，就亲自过去拜访，觉得果真是个人才，于是高兴地说："从我的先君太公时起，就盼望着能够得到您这样的人才了，您是能帮助我们周族兴盛的圣人啊！"因此，姜尚又被称为"太公望"。姜尚辅佐周室，倾覆商朝，封齐立国，其安邦治国之道，引导着齐文化的走向，其精神特质对齐文化产生了深远的影响。

姜尚极为熟悉商纣政治。他曾在商朝为官，但生不逢其时，仕不遇明主。据《史记·殷本纪》，商纣横征暴敛，好酒淫乐，亲佞疏贤，滥杀无辜，结果百姓怨愤，诸侯叛离。姜太公从帝辛纣王种种失德、失政、失民心的劣迹中，认识到"纣无道"、国将亡的大势，把希望寄托于仁德的周西伯姬昌身上。《史记·齐太公世家》记载，西伯侯姬昌从羑里脱身归国后，便暗中和吕尚策划如何推行德政以推翻商纣政权。

于是，与商纣的失德相反，太公"佐周修德"。姜太公所谓的"德"，据《六韬·文韬·文师》，"免人之死，解人之难，救人之患，急人之急者，德也；德之所在，天下归之。"因此，太公要西伯姬昌所修之"德"，就是统治者应该具备的政治行为，具体表现为修明政治，薄敛厚施，宽仁待众，施惠百姓，广结诸侯，以此积蓄力量，等待时机。太公佐周"修德"，做的就是这一方面的事情，即树立周政宽仁的政治形象，举起

位于山东淄博的姜太公衣冠冢

"仁德"的正义旗帜，以号召天下，使人心有所归属。

太公的谋略是卓有成效的。就实际的结果来看，天下的大势于不知不觉中发生了根本的变化：就商朝来看，由百姓怨恨而诸侯背叛，开始了社会公众离心离德的心理崩溃；就周族来讲，则产生了诸侯多背叛商纣而来归服西伯那种众望所归的政治凝聚力。实际上，西伯已经逐渐行使起王者之政：《史记·周本纪》说西伯回国后暗中积德行善，诸侯国之间发生矛盾纠纷，都来请他出面调停解决；《尚书大传》将其事迹概括为"一年断虞、芮之讼，二年伐邘，三年伐密须，四年伐犬戎，五年伐耆，六年伐崇"。不知不觉中，殷商的羽翼被一一翦灭，周的权威则逐步确立起来，而且这种权威也得到了众多诸侯的公认：顺利解决了虞、芮两国的土地边界纠纷后，西伯侯姬昌更加赢得诸侯国信任，前来归顺的诸侯国有四十多个，并将其尊奉为王，从而形成了"三分天下有其二"的局面。荀子曾说："吕尚招麾殷民怀"（《荀子·成相》），正是太公之谋促成了天下归心的大势。太公对殷民为什么会有这么大的号召力？这当然是太公协助西伯侯多年阳修其德阴行其谋的结果。

周灭商之后，仍然忠实地遵守了"修德"国策。据《史记·周本纪》，周武王灭商后的主要举措为：释放被商纣王囚禁的百姓，恢复其自由之身；散发商纣王积聚在鹿台的钱币和囤积在钜桥的粮食，赈济贫困百姓；培筑加高比干之墓，释放被囚禁的箕子，表彰贤臣商容；把象征天下最高权力的九鼎迁往周国，修治周朝政务，从而为周朝取得了初步的安定，也为历史揭开了新的一页。而无论是施利于普通百姓，释放并表彰商王朝的忠贤之臣，还是修治周政，所有这些重大政治行动，司马迁说多半是采用的师尚父的谋议。姜太公以其卓越的政治眼光和高超的谋略智慧，辅佐周王室倾覆商朝，创立周王朝基业，其根本之处在于顺应民心，因势利导，以道驭智，以德驭谋。

姜太公到了封地之后，据《史记·齐太公世家》《吕氏春秋·长见》记载，采取了"尊贤尚功"，"因其俗，简其礼，通商工之业，便渔盐之利"的立国之策。这个建国方略的确立，有着主客观两方面的原因。姜太公凭借着自己卓越的军事才能，成为灭商统帅。他的这种出身和遭遇，就影响到他的用人政策，那就是主张"尊贤尚功"，不论出身贵贱，只要贤能就能获得任用，只要有功就能得到封赏。另外，周武王虽然把姜尚封到了营丘，但当时营丘是莱夷的聚居地，姜太公通过战争才从东夷人手中得到了营丘。为了平息当地原

管仲画像

住民的怨愤，稳定政权，姜太公就对他们采取了一种比较宽松的政治文化政策，也就是尊重沿袭东夷人原有的风俗习惯，同时简化周朝的礼乐制度。同时，考虑到齐国土地贫瘠，不适合农作物生长，姜太公就鼓励民众种植桑麻，发展纺织业，并利用当地丰富的渔盐资源，大力发展工商业。这就奠定了齐文化尊贤尚功、开放包容、重商崇利、追求功业的基本特点。

　　春秋初年，桓公继位，管仲辅佐，四十年间，通货积财，冠带天下，且勤政爱民，荐贤用能，一跃成为当时列国诸侯之盟首。在"尊王攘夷"的口号下，虽然没能尽归天下于大正，但齐国对外攘伐四夷以安中国，对内会合诸侯以朝天子，可算千古伟业。后来，孔子评价说：管仲辅佐桓公，称霸诸侯，匡正了天下，老百姓到了今天还享受到他的好处。如果没有管仲，恐怕我们也要披散着头发，衣襟向左开了（《论语·宪

问》)。齐桓公在管仲的辅佐之下，以"尊王攘夷"为旗帜，把中原诸侯联合起来，北御戎狄，南制强楚，扭转了南夷、北狄交伐中原的危急形势，在社会无序的情况下，能通过霸业把天下匡范合一起来，这是一种无序中的有序，对广大人民群众是有极大好处的。孔子是站在"民受其赐"角度，肯定齐桓公和管仲的霸业。

管仲思想继承太公而来，在其相齐实践中，处处显示出太公所确立的齐文化基调的印痕。正如《盐铁论·轻重》所记：管仲辅佐齐桓公的时候，继承齐国前代国君的事业，运用轻重理论，指导经济改革，取得了一系列的胜利，于是制服了南方强大的楚国而成为天下诸侯的霸主。管仲所继承的前代国君事业，就是太公治齐的谋略与政策。可以说，管仲深谙太公谋略智慧之精髓，故司马迁在《史记·管晏列传》说，管仲出任齐相执政以后，凭借着小小的齐国在海滨的条件，流通货物，积聚财富，使得国富兵强，与百姓同好恶。……所以政令符合下情就容易推行。百姓想要得到的，就给他们；百姓所反对的，就替他们废除。管仲执政的时候，善于把祸患化为吉祥，使失败转化为成功。他重视分别事物的轻重缓急，慎重地权衡事情的利弊得失。……所以说：懂得给予正是为了取得的道理，这是治理国家的法宝。这段文字，可以为我们提供如下信息：一是管仲相齐，倚重通货积财，商工之业，以富国强兵；二是因俗而治，与俗同好恶；三是贵轻重，慎权衡，长于通权达变。仅就这三方面来看，不难窥见管仲相齐之策中太公的影子。

晏婴与管仲齐名，同为齐国著名政治家，管仲凭借匡助君
主推行霸道而知名，晏子凭借规谏君主使其显扬而知名（《孟
子·公孙丑上》）。晏婴的时代，社会秩序正剧烈震荡。桓公之
后，诸公子争位的内乱长达四十年，公室被严重削弱。其后，
又由崔氏专政而开始了延续五十年之久的崔、庆之乱，卿大夫
如国、高、鲍、崔、庆等家族之间亦相互残杀，齐国内乱频
仍，政局动荡。在这种险恶的政治环境中，作为政治家，晏婴
以民为本，以德治国，不信天命鬼神，省刑罚，薄赋税，强公
室，抑私门，举贤用才，使齐国由松散衰落走向富强；作为外
交家，晏婴为维护和改善齐国的生存环境，外合诸侯，反对侵
略，维护了国家发展的良好环境，在他辅政的数十年间，齐国
得以重拾昔日大国的尊严；作为思想家，晏婴出生和成名早于
孔子、曾子、墨子、孟子，他的哲学思想和政治实践对儒、墨
等思想的形成产生了巨大影响。

晏子本人更是一位古今少有的贤人。孔子曾称赞说：自古
真正懂得做臣子的，总是把好名声归于国君，把坏事揽在自己
头上，入朝就和君王探讨君王的不足之处，下朝就极力赞赏君
王的仁义道德。所以，这样的大臣哪怕是侍奉懈怠无能的君
主，也能使他轻松治国、称霸诸侯，而不夸耀自己的功劳。而
今看来，能够担得起这个为臣之道的，大概只有晏子了（《管
子·内篇谏下》）。司马迁在《史记·管晏列传》中也高度评
价他：侍奉齐灵公、庄公、景公三代，凭着节省俭朴，努力
做事，为齐人所敬重。他当了齐国宰相之后，吃饭从来没有

晏子画像

两盘有肉的菜，侍妾不穿绸缎衣服。他在朝上时，国君有话问他，他就直言相告；无话问他，他就正直做事。国家政治清明，他就遵从政令行事；政治混乱，他就权衡利弊斟酌办事。因此，他能历仕灵公、庄公、景公三代，名扬诸侯。他甚至感慨道：假使晏子还活着，我就算是为他执鞭赶车，也是高兴钦慕的。可见太史公对晏子高洁品性是何等推崇仰慕！

不过，晏子终未能阻遏姜齐政权的衰亡和田齐政权的孕育、诞生。公元前 379 年，齐康公去世，齐国姜氏政权被田氏取代。由于田氏自身并不具备姜氏那样的正统宗法优势，所以他们为倾覆姜齐政权，历来注重积蓄实力，行阴谋阳德之术，收揽人心，招纳贤士。齐威王效法桓公管仲，励精图治，以人才为宝，严肃吏治，大胆改革，使齐国声威竟维持三十六年之久，成为战国七雄之一。威、宣二王，广开言路，奖励进谏，建稷下学宫，使文人墨客不治而议论，终成百家争鸣的局面。

先秦五百年历史中，齐国始终居于显要地位。由于深受东夷文化之仁爱和周文化之明德的影响，齐文化留下了丰富的以德治国思想，涌现出众多的讲求节操、明于礼义、不畏权势、不慕富贵的高迈之士。姜太公主张"天下为公"，认为天下不是哪一个人的天下，而是所有人的天下。能同天下人共同分享利益的人，就可以取得天下；独占天下利益的人，就会失去天下（《六韬·文韬·文师》）。并提出取得天下、治理天下的措施：以仁、德、义、道等德政，利天下之人，收天下人之心，如此便能"天下归之"。姜太公这种以德取天下的主张，蕴含了丰厚的民本思想，具有很强的进步意义。管仲认识到"德"是使国家长治久安的要素之一，主张"国有四维"，"一曰礼，二曰义，三曰廉，四曰耻"，"四维不张，国乃灭亡"（《管子·牧民》），在中国政治思想史上产生了深远影响。晏婴提出德行宽厚足以安定天下，胸襟广阔足以容纳众人，诸侯拥戴他，把他作为首领；百姓归附他，把他视为父母（《晏子春秋·内篇谏上》），阐述了"德"是治理国家和管理百姓的根本，反映了晏子以德治国的政治主张。战国时期，齐国稷下学宫诸子百家等众多学者，也对德与国家、德与民众的相互关系有着系统论述。这些德治思想、道德文化，既是博大精深的齐文化精神和精华的体现，也对中国传统文化中的瑰宝有着重要的借鉴价值和启迪意义。

（一）通德者王

在夏、商时代，天命观的基本精神是对天帝的迷信。无论是获取天下，还是丧失政权，都是以天命作为其依据。而周人虽然承认皇天上帝具有降命于人的神秘意志，但认识到敬德对于永葆天命的至关重要性，认为它听命于人，降命有德、降丧于不德。于是，周公等人制礼作乐，试图通过礼乐制度把敬德观念固化于人心，落实到政治统治与立身行事之中。

姜太公被后人称为谋略之祖，然而在他的许多政治、军事活动中，敬德观念表现得也非常突出。据《史记·齐太公世家》所载，西周伐纣，大军将发，术士用龟甲、蓍草占卜，结果卦兆不吉。好巧不巧，部队行至氾水牛头山，又遇上暴风惊雷，致使军队大旗折断，为武王驾车的战马也被巨雷惊死。所有这些现象，在术士看来，都是不吉祥的征兆，随军大臣们也都产生了恐惧心理。于是，有人多次向周武王提出大军缓行或退兵的建议。在这种情况下，面对众人的疑惑、武王的犹豫，姜太公却提出：顺应天道未必吉利，忤逆天道也不一定凶险。如果失去人情事理，军队必将失败灭亡。况且天道鬼神一类的事情，看也看不见它们，听也听不到它们，聪明的人不会把它们作为法则，愚笨的人则将拘泥于它们。如果武王您喜好贤才并且能够重用他们，发动武装起义并且得到时利，那么不用看日子就事事顺利，无需借用占卜就事事大吉，不必依靠祈祷祭祀就福运相从。他明确断言龟甲、蓍草乃是凭空臆说，然后当众捣碎龟甲，折断蓍草，率众渡过汜水。可见，面对不利的卦兆、天时，姜太公立足武王德行，能够用人事本身来说明人的吉凶祸福，坚定周武王伐纣的决心。

不过，虽然周初的周公、姜太公已有对最高统治者道德力量的认同，将德视为比天命、鬼神更为根本的东西，但这只是统治阶层中个别开明者的观念，还不是社会的普遍认识。到了西周末期，由于社会动荡，政治衰落，天命神权观念渐渐失去其统治人心的作用。进入春秋战国时代之后，没落贵族的抱怨，新兴士人的嘲讽，底层民众的抗争，汇成了一股怀疑或否定天命、重视人为的社会思潮。

"通德者王"（《管子·兵法》），懂得修养德行、推行德政，就能管理国家统治百姓，这是《管子》一书反映的基本原则，也是齐文化中许多政治家、思想家的普遍认识。他们开始将"德"从最高统治者的"专利"逐渐演变为一种具有普遍性的价值和规范，从抽象的、具有宗教性质的话语逐渐演变为具体的施政理念和治理方案。

1. 祝不胜诅

春秋战国时代，是思想启蒙的时代，天命神权受到怀疑，天人相分、民为神主是这个时代进步的思想潮流。晏婴对神秘主义是抱怀疑甚至否定态度的。

据《晏子春秋·内篇谏上》记载，齐国久旱不雨误了农时，齐景公召集群臣，问道："天好久不下雨了，百姓将要遭灾挨饿。我命人问卜，说是灾祸出在高山大河。我想少收些赋税来祭祀灵山，行吗？"群臣没有人作声。晏子说："不行！祭祀高山没有用。那灵山本是用石头作身子，用草和树作头发，天长久不下雨，头发就要枯焦了。石头身也将发热，它难道不需要雨吗？祭它没有用。"景公说："不这样的话，我想祭河神，可以吗？"晏子说："不行！那河神是把水当作它的国家，把鱼鳖当作它的臣民，天长久不下雨，泉水下降喷不出，无数条大河干涸了，它的国家就要灭亡了，它的臣民也将死了，难道不需要用雨吗？祭它没有什么用。"于是，景公就打消了祭祀山神河伯的想法。

《晏子春秋》和《左传》也都记载有景公久病不愈欲诛祝史这件事。鲁昭公二十年（公元前522年），齐景公生病了，他先是得了疥疮，然后又得了疟疾，持续一年也没好。这时，齐景公的宠臣梁丘据出来献计说："我们祭祀鬼神的物资很丰富，比以前的国君都多。可您现在却病得这么重，各诸侯国也为您的健康状况担忧，这都是主持祭祀的祝史的罪过——既然我们祭祀的物资很丰富，那就一定是祭祀的技术水平不够好，这样，招致鬼神不高兴，才降灾给您。现在，您何不杀了祝史并以此来向诸侯解释呢？"

但是，晏子进行了劝谏。他说：祝史之职在于沟通人神，如果是有德行的君主，内政外事都不荒废，上下无怨恨，国家的各项措施都不违背礼制，那么祝史向鬼神陈说实情，也不会有什么惭愧的，鬼神也会飨用祭礼，国家也会因此得到福泽；若是摊上荒淫的国君，放纵欲望，高台深池，淫乐不已，掠夺民脂民膏，不敬鬼神，同时，内政外事都举措失当，造成朝野之人相互怨恨，那么，祝史若陈说实情，就是向鬼神诉说国君的罪过，鬼神当然不会保佑这样的国君。经过晏子入情入理的分析，景公觉得颇有道理，就不杀祝史了，并且下令惩治腐败，减轻赋税，以此来舒缓百姓的怨气。不久，他的病也就好了。

可见，晏子之"祝不胜诅"反映了在神（上帝）和人之间，对于社会政治、百姓福祉起最终作用的是人而非神。他虽没有否定祝有益，却以"祝亦有损"来教导、启发人们远离鬼神。

另据《左传》记载，鲁昭公二十六年，齐国上空出现了彗星。古人迷信地认为，这是天灾降临齐国的预兆，举国上下都十分恐慌。于是，齐景公下令要祝史禳除灾祸。晏子却劝谏齐侯说：这有什么用，还不就是自己骗自己！天道又不骗人，天命也不会有错，祭祷能有什么用呢？况且天上之所以有彗星，是用来扫除污秽的。君主要是没有秽恶之行，何必去祭祷呢？要是德行有了污秽，祭祷又能减轻什么呢？《诗经》说："这位周文王谦虚谨慎，勤勉努力地服侍天帝，所以有那么多福报。他的德行光明磊落，所以周围的国家都来归附。"君主要是不违背道德，四方诸侯都将会前来归附，彗星又有什么可怕的呢？《诗经》说："我没有什么可借鉴的，要有就是夏后和商朝。因为政事混乱，百姓最终流亡。"如果君主德行混乱，人民就会流亡，祝史所做的祷告，也是不能弥补的。

在晏子看来，天道的运行自有其规律，禳祭与否都不可能改变其运行规则。同时，他告诫景公，"天之有彗"，是在于"除秽"。既然君主没有秽德，那就没有必要进行禳祭；如果有秽德，禳祭又有什么用呢？与其做这种无所补益之事，倒不如以文王为榜样，时刻注重自己的道德修养，务实求治。这里完全否定了天道、天命一类社会治乱外在的影响，而只承认德的决定作用，是一种天人相分的观念。

景公梦见彗星后，召晏子而问："我听说，有彗星出现的国家一定会亡国。昨夜，我梦见了彗星，我想召占梦的人来占这个梦。"晏子直言不讳地回答说："君王的生活起居没有节制，缝制衣服没有限度，不听正确的意见，大兴土木没完没了，征收税赋贪得无厌，役使民力好像怕使用不尽，万民怨恨不满，弗星又将会出现在梦里，哪里只是彗星呢！"（《晏子春秋·外篇上》）晏子在此否定了"有彗星者必有亡国"之论，而要想不亡国，就要让万民无怼怨；而欲让万民无怼怨，君主就要节俭兴事，善听正谏，赋敛以薄，减轻徭役。在这里，晏子明确指出了国之兴衰在于君主以个人之德赢得万民百姓的拥护。

晏子的这些话，强调的是国君德行的作用。国君道德没有亏欠，国家就会强盛富强，即使有彗星等天变，也根本不会有什么危害；相反，若是国君道德败坏，祝史就是消除了彗星等天变，也一定会落得个国家破败的下场。《管子·形势》中也有类似的观点，认为用牛、羊、玉器来供奉鬼神，不一定能得到鬼神的保佑，君主的功业要靠平时的积德才有根基！所以，《管子·君臣下》中提出："神圣的人做王，仁智的人做国君，威武勇敢的人做官长，这本是天道和人情。"君主具有超乎常人的优秀品德，才能治理天下，这就是天之道。

既然人世间不是天命、鬼神主宰的，而是由人的道德决定的，那么遵循这种精神，人们就应该注重自身的道德修养，而不应该推诿于天命、鬼神。这是由天命、鬼神外在决定论，转向人的主体道德决定论，标志着春秋战国时期人文精神的普遍觉醒。《左传·襄公二十二年》载晏子语曰："君人执信，臣人执共。忠、信、笃、敬，上下同之，天之道也。"信和共（恭）分别是国君和臣下必须执守的德行，而忠诚、信用、诚笃、恭敬四种德行，则是君臣都要保持和遵守的道德行为规范，这就是天之常道。很明显，晏子在这里是将天道世俗化和道德化了。正是有了晏子将德与天命、天道完全分离的观念，才使德观念能够完全作为人的道德而建立起一套道德学说。

2. 君人者以百姓为天

管子认为，天有其固有的发展变化规律，因而要"顺天"。《管子·形势》中说："其功顺天者天助之，其功逆天者天违之。天之所助，虽小必大；天之所违，虽成必败。顺天者有其功，逆天者怀其凶。"意思是说，做事顺乎天道，天就帮助他；做事违背天道，天就违背他。得到上天的帮助，弱小也可以变得强大；遭到上天的背弃，成功也可以变为失败。顺应天道的人享受成功，违背天道的人就要招致灾祸，又无法挽救。所以，强调人们必须依天时、天道而作为。

管子认为"天道"不可违，否则就达不到目的，提出想要称王天下却又违背天道，就不能称王天下了，做事能遵循天道，就会顺理成章；违背了天道，即便成功也无法长久地保持下去，顺乎天道去做，天就帮助他；反乎天道去做，天就违背他（《管子·形势》），揭示了人与自然规律的关系，并用"天道"来指引"人道"。《管子·五行》中说：每年经六个月为冬至、夏至，因此，人禀有纯阴纯阳之最多，这是可以通乎天地的。管子这种从天道向人道的转化，使天道思想除了神秘至上和自然法则的内涵之外，又同时具备了更加浓厚的人文气息。

管子有时甚至把"天道"看作君主行为的依据与价值标准。《管子·形势》中认为，想要保持强盛，就要顺从天道；想要使危亡者安定，就要顺从人心。《管子·霸言》则明确指出："尧、舜之人，非生而理也。桀、纣之人，非生而乱也。故理乱在上也。夫霸王之所始也，以人为本。本理则国固，本乱则国危。"意思是说，尧舜时的百姓，不是生来就是好百姓；桀纣时的百姓，不是生来就要作乱的。所以，治理还是动乱都取决于君主。霸王之业的开始，就要以百姓为根本。百姓治理则国家巩固，百姓动乱则国家危亡。《管子·霸形》中还记载有齐桓公请教管子称霸事宜的故事，当时管子就提出，要想成就霸王之业共举大事，必须从根本事情做起。于是，桓公起身离席，拱手发问：什么是根本？管子明确指出，"齐国百姓，公之本也"，齐国的百姓是齐桓公治理国家的根本。管子认为，人都有忧饥惧死的天性，统治者治理国家时，要承认并顺从人的这种本性，满足民众的欲望和要求，这样才能获取民心，得到百姓的支持和拥护。因此，这种"以人为本"观念中的"人"，已不是过去专指统治阶级"人"的概念，而是与统治者相对的广大普通民众，即士、农、工、商阶层的"民"的概念。这样一来，"以人为本"观念中的"本"，就是指把士、农、工、商阶层的一般人群视为国家的根本，认为他们是国家的基础，主张提高他们的社会地位。

管子不仅首次明确提出"以人为本"即"以民为本"的观点，而且还明确指出"君人者以百姓为天"，百姓不仅是人，而且是天，是君者的天。汉代刘向《说苑·建本》中记载：齐桓公问管仲，为君王的人以什么为贵，管仲说："贵天。"齐桓公仰头看天。管仲说，我所说的天，不是头上无边无际的苍天，"君人者以百姓为天"，对于一个国家来说，百姓亲附，就可安宁；百姓辅助，就能强盛；百姓反对，就很危险；百姓背弃，就要灭亡。百姓怨恨他们的国君而国家最终不灭亡的，是从来也没有过的。

晏婴也有类似的思想。据《左传·昭公五年》记载，郑国的正卿罕虎授政于子产，晏婴评论说："能用善人，民之主也"，认为罕虎授政于子产，是把权力交给了一位能对民众负责的人，所以他是"民主"，可见"民主"有人民之主、为民做主之意。殷商和西周时期，统治者每每强调要对天命和神灵负责，掌握权力的人应当为神所驱使，当时虽然也有"民主"的说法，但其中有相当强烈的天命论的思想。春秋战国时期，"民主"概念比以前有了很大的进展，关键就在于这个概念里已经有了对于民众力量予以高度重视的成分。

（二）政之所兴，在顺民心

历史上，商纣王作为君主，过度役使百姓，侵夺民财而危害人民，执政残暴，致使大臣不亲，民众仇怨，最终导致杀身亡国。有鉴于此，齐国的开国国君姜太公认为：天下不是哪一个人的天下，而是所有人的天下。能同天下人共同分享利益的人，就可以取得天下；独占天下利益的人，就会失去天下（《六韬·文韬·文师》）。所以，统治者只有得到民心，才能得到国家，得到天下。姜太公的这一思想在管仲相齐时得到了进一步的继承和发展。对此，《管子·牧民》中有一段精彩的论述，说国家的政策法令只有顺应民心才能得到推行，忤逆了民心就会无法坚持。百姓们害怕忧劳，君主就应该让他们感到安乐；百姓们憎恶贫贱，君主就应该使他们富裕起来；百姓们担心危祸，君主就应该保全他们；百姓们害怕灭亡，君主就应该养育他们。能让百姓安乐的人，百姓必然愿意为他忧劳；能让百姓富贵的人，百姓必定愿意为他忍受贫贱；能够保全百姓的人，百姓必会愿意为他赴汤蹈火；能够养育百姓的人，百姓也会情愿为他鞠躬尽瘁。所以说，治国仅靠刑罚是不能让百姓感到畏惧的，即使杀头也不足以使他们完全服从。治国刑罚太滥而百姓并不畏惧，那么国家的法令就难以推行；杀人太多而民心不服，君主的地位就会发生危险。所以，只要顺从了百姓的上述四种欲望，那么即使疏远的人也会变得很亲近；如果忤逆了民意，即使是亲信也终会背叛。懂得了予之为取，这就是执政的法宝。

因此，统治者要时刻关心民众，知道他们想些什么，希望解决什么问题，要多为他们做好事，多替他们排忧解难，这样才能赢得民心。

1. 德有六兴

《管子·五辅》说，"德有六兴"，主要包括"厚其生""输之以财""遗之以利""宽其政""匡其急""赈其穷"等六个方面，都与人民生活密切相关。概括起来，主要表现为以下内容：

实仓廪足衣食。管仲认识到，"仓廪实而知礼节，衣食足而知荣辱"（《史记·管晏列传》），只有先发展经济，才能巩固政治和推进文化。管仲相齐，在继承太公重工商传统的同时，加强了对农业的重视，将农与士、工、商并列，称之为"国之石民"（《管子·小匡》），意思是可为国家柱石的人民，并使四民分业而居，让他们及其子孙"少而习焉，其心安焉，不见异物而迁焉"。

在农业方面，他主张实行土地制度和赋税制度的改革。所谓"均地分力"，"与之（民）分货"（《管子·乘马》），"相地而衰征"（《国语·齐语》），就是把土地划分为各个等级，不同等级的土地收取不同的赋税。划入下等类的土地，如果用户着意改良了土地，得到了好收成，五年之内不调征。这样，农民改进生产技术、改良土地品质、提高粮食产量的积极性就大大提高了。发展生产有利可图，老百姓就不怕吃苦，老百姓不怕吃苦，国家就有希望。有这样的记载：父子兄弟因此晚睡早起，全家关心劳动，不知疲倦并且不辞辛苦地经营（《管子·乘马》）。可见，当时老百姓对管仲的做法是拥护的，大家的生产积极性是很高的。他还主张"无夺民时，则百姓富"（《国语·齐语》），在农时季节，不要征兵打仗让农民服徭役，使农业的正常生产得到保障。在农业经营上提倡因地制宜和多种经营的方针，对于粮食蚕桑业、家畜饲养业、蔬菜瓜果种植业以及狩猎捕鱼业等都给予奖励。为了提高农业的产量，要求农民加强田间管理，抓住下雨后的时机早晚不停地劳动。管仲的这些措施促进了齐国农业生产的发展。

 知识链接 ·······

相地而衰征

"相地而衰征"，就是根据土地的好坏征收不同数量的租税。这是中国历史上由劳役地租向实物地租过渡的最早史料记载。齐国实行这一新的土地租税政策，首先是"均地分力"，即按劳动力平均分配土地。然后，在此基础上"与之分货"，即按规定将收获物一部分作为租税上交国家，所剩余部分留归劳动者自己。由于在上交租税后剩余产品都归自己所有，为了获得更多的剩余产品，农民就晚睡早起，不辞辛苦地劳作，使得齐国农业有了长足的发展。

在农业发展的基础上，管仲还主张多种经营。他设立了"工正""工师""铁官"等管理手工业的机构，大力推进冶铜、制铁、纺织业的发展。这样一方面可以制作精良的武器，加强国防；另一方面改良农具，发展农业生产。

在商业方面，管仲主张设立市场，并设立专门机构进行管理，加强对市场物价的控制，以稳定国家的经济。

在政治方面，管仲提出"修旧法，择其善者而业用之"（《国语·齐语》）的治国之策，在整顿原有制度的基础上，对齐国的政治、军事制度进行了全面改革。在政策上，注重"赡贫穷，禄贤能，齐人大说（悦）"（《史记·齐太公世家》），一是向"贫穷"人士倾斜，就是着重让那一部分最贫困的人士能脱贫，过上有吃有穿的好日子；二是向"贤能"人士倾斜，谁能提出治国安民好主意的，就给予重奖，差不多每年都有一大批贤能之士获奖。管仲的这些举措大受齐国人称道，说他是"思民所思，好民所好"。因此，当有人问孔夫子管仲是何等样人时，孔子说：管仲可是个正派人啊！他为老百姓做了不少好事，他可算得上是一个仁人了。

管仲的改革纲领是得民心的，因为它贴近民众的利益，司马迁评述道："故论卑而易行。俗之所欲，因而予之；俗之所否，因而去之。"（《史记·管晏列传》）所谓"论卑"，一些史家释为政令贴近人民大众的切身利益。管仲的"下令如流水之原"，就是因为他推行的那一套是"顺民心"的。

恤民惠民。恤民就是要体恤民之不幸，而予之以惠。在晏子的规劝下，景公对那些无家可归的少年乞讨者（《晏子春秋·内篇杂上》）、长年劳作而面有饥色的老弱残疾者，皆有所养；矜寡孤独者，皆有所室（《晏子春秋·内篇杂上》）。晏子对百姓的关心体恤，还表现在敢于为民请命。景公之时，阴雨连绵不断，长达十七日，民众苦不堪言，而景公歌舞升平日夜相继。晏子再三请求开仓赈灾，景公不仅置之不理，反而继续在全国范围内搜求能歌善舞者。晏子无奈之下，只好先将自家粮食分给饥民，然后面见景公，提出不顾民众安危的危害，并说使景公沉湎淫乐、失本而不恤的责任在于自己，所以提出要"引咎辞职"。景公被迫无奈，只好答应了其恤民请求。晏子区别灾民情况，分别予以赈济，使得他们顺利渡过了难关。晏子这种爱民恤民方式，确实难能可贵。如果没有对百姓的真切关爱，没有对百姓生活的实际体验，就不可能将个人的功名利禄甚至是性命置之度外，义无反顾地为民请命。

 知识链接

准平市场

齐国对国家干预粮食市场、平抑粮价非常重视，主张"准平"市场。具体方法就是：粮食丰收时，国家适当提高收购价格，大量收购粮食。遇到歉收年景，国家再把库粮投入市场，使粮价始终保持在一个较为稳定的水平。这样，既打击了投机倒把、囤积居奇的不法行为，又保护了老百姓的利益，而且在这一收一卖的过程中，国家也获得不少利益。

晏子还主张薄敛减役，目的在于减轻百姓负担，使百姓生活有保障，并能休养生息。如寒冬季节景公出游，半路看到饥寒倒地而死的人，晏子就趁机以齐桓公为榜样，让景公向他学习，并劝谏说：从民众身上榨取太多，给予他们的恩惠又太少，恐怕国家危亡在旦夕之间，国君您也无法有今天的奢侈享受（《晏子春秋·内篇问上》）。在《晏子春秋》中，晏子谏景公厚敛之过的故事比比皆是，一方面因为齐国赋税过于沉重，一方面体现了其薄敛主张。晏子还主张减轻百姓徭役，如谏景公罢邹之长涂、章华之台、长庲之台（《晏子春秋·内篇谏下》）等等。大兴土木会耽误农时，影响生产，所以晏子犯颜直谏。

齐景公时期，田氏势力之所以能够不断膨胀，从根本上来讲，是他们持续恤民惠民的结果。齐国田氏的始祖叫陈完，原是春秋初年陈国国君厉公的公子，因内乱逃往齐国。齐桓公任命他作了"工正"（管理工匠的官职），从此定居齐国，并改名叫"田完"。齐桓公十四年（公元前672年），田完死，谥号"敬仲"。田敬仲的五世孙田桓子（田无宇）作了齐国的大夫，"事齐庄公，甚有宠"，田氏家族从此开始昌盛。田桓子死后，其子田乞（田僖子）继立，服侍齐景公（公元前547—前490年在位）。当时齐公室对人民的剥削很重，"民三其力，二入于公"，人民要把收获物的三分之二拿来向公家纳赋税。加之物价不稳，弄得不仅普通百姓穷困不堪，连一些下级官吏——"三老"也饿肚子。景公为了镇压人民反抗，又大兴酷刑，齐民动不动就触犯刑法，被施以"刖刑"（砍去一只脚），致使齐国市场上出现了"屦贱踊贵"（草鞋卖不出去，假脚昂贵）的怪现象，"百姓苦怨以万数"。眼看公室腐败，不得人心，田氏便乘机采用大斗借贷、小斗收还的办法笼络民众。于是"民归之若流水"。齐景公一死，田氏趁势发动政变，拥立齐悼公，自己为相，控制了齐国政权。悼公死，齐简公继位，田乞的儿子田常（田成子）与简公另一宠臣监止分任左右相。田常继续用大斗出、小斗进的办法争取民心，同时在自己的封邑内整顿市场，稳定物价，使山货海味的价格与产地一样便宜。老百姓得到田氏许多实惠，编制童谣广泛传唱，到处为其歌功颂德。田常借助于民众的支持，于公元前481年杀了齐简公和监止，更立齐简公之弟骜为齐平公，自己仍为相，此后的齐君名存实亡，形同傀儡。田常又广泛结好诸侯，争取各国的支持，最终顺利取代姜齐。

2. 法出于礼，礼出于治

明代赵用贤曾在《合刻管子韩非子》一书的《管子书序》中评价说："王者之法，莫备于周公，而善变周公之法者，莫精于管子。"① 这里所说的周公之法，实际上指的就是周朝礼治

① 《合刻管子韩非子》，国家图书馆藏，第 19158 号。

之法。"礼"在中国古代是一个综合性政治文化概念，包括典章制度、礼仪礼节和道德规范等，制约着大到国家重要活动，小到个人日常生活言行，对治国安邦、维护统治、修养品德等，都产生了极其深刻的影响。

管仲对于周公之法的变革，在《管子》一书中叫作"修旧法"。"修旧法"，实际上就是管仲在尊重周代旧有礼治框架的基础上，建立起了一套崭新的适应齐国国情的法制管理体系。而且，在这套法制管理体系当中，有很大一部分内容属于旧有的周代礼治内容。所以，"法出于礼，礼出于治"（《管子·枢言》），法与礼都是必不可少的治理国家、管理民众的重要工具，都是国家机器的重要组成部分。自此以后，齐国形成了援法入礼、礼法兼治的治理理念。

（1）法者，天下之至道也

法家学派如商鞅、韩非等人都把管仲奉为法家的开山之人，以至言必称桓管。在中国法律思想史上，管仲是最早提出"以法治国"治理理念的政治人物。

《管子·任法》中说："法者，天下之至道也，圣君之实用也。"法是天下最大的原则，是圣明君主用来治国理政的大宝。因此，管仲认为，"以法治国"是统治者的根本权威，运用它就如同人举手投足，很容易把国家治理成功，即《管子·明法》中所说的"威不两错，政不二门，以法治国则举措而已"。君主代表国家，掌握执法和出令的权柄。君权不能授予两人，政令不能出自二门，以法治国即遵照法度行事而已。而法令一旦制定，就凌驾于君主之上，具有至高无上性。

在管仲看来，法律起源于君主治理国家的需要。在上古时代，没有君臣上下之分，也没有夫妻配偶的婚姻，人们像野兽一样共处而群居，以强力互相争夺，于是智者诈骗愚者，强者欺凌弱者，老、幼、孤、独的人们都是不得其所的。社会的秩序很是混乱，民众善无善报，恶无恶报，恶人猖獗，坏事当道，生产、生活以及生命都没有保障。后来随着社会的发展，产生了君主，负责除强暴、兴民生、建立和维护社会秩序。为此，君主不仅要具备贤德的品行，还要有能够运用赏罚治理众人的手段，即"君之所以为君者，赏罚以为君"。

不过，"法立而民乐之，令出而民衔之。法令之合于民心，如符节之相得也，则主尊显。"（《管子·形势解》）只有合乎民心的法律才能取得令行禁止的效果，从而树立君主的权威。立法行令合乎民心的关键，就是以民之好恶为出发点。"人主之所以令则行、禁则止者，必令于民之所好，而禁于民之所恶也。"君主之所以能够做到令行禁止，就在于他的命令符合民众所喜好的，而他的禁止也正符合民众所厌恶的。明主的言行举止符合理义，发布号令顺应民心，赏罚分明，就会得到民众的支持而事无不成。

齐景公时，为了维持其统治，镇压此起彼伏的农民起义，统治者求助于重刑和酷刑。《晏子春秋》一书当中，记述齐景公滥用刑罚、诛杀无辜的事件竟有十几件。射鸟，鸟因受惊逃跑，景公竟然要杀惊鸟之人；爱马，马暴病而死，竟要肢解养马之人；喜欢槐树，竟下令"犯槐者刑，伤槐者死"；久病不愈，求神无效，竟要杀死祭神占卜之官……人民动辄得咎，苦不堪言。为此，晏子提出了"饰法"的改革主张。"饰法"即"饬法"，就是整饬法度，其核心问题是"谨听节敛""节欲中听"，即谨听慎听、赋敛有度，克制欲念、执法公正。

晏子说：国家没有固定的法律，人民就没有行为的规范（《晏子春秋·外篇上》），君王强大而臣子弱小，是为政的根本；君王倡导而臣子附和，教化就会兴隆；刑罚的权力在君王手中，百姓便有了纲纪（《晏子春秋·外篇上》），同时指出：君主不能整饬法纪，而让群臣专权，这是混乱的根本（《晏子春秋·内篇杂下》）。一再强调君主持法和饰法的重要性与必要性。

晏子提出赏罚应以"利于国"或"害于国"为标准，而不应该以"顺于己"或"逆于己"为标准，并且强调赏罚恰当与否，关系到天下治平与社稷危亡。晏子强调赏罚一定要恰当、公平，赏赐没有功绩的人叫作乱政，惩处不知禁令的人叫作残暴（《晏子春秋·内篇谏上》），惩罚不因是显贵的人就躲避开，奖赏不因是地位低贱的人就遗漏掉（《晏子春秋·内篇谏上》）。同时指出，赏罚应交替使用，既不能"少罚多赏"，也不能"肃于罪诛，而慢于庆赏"，即诛罪严厉，庆赏无闻（《晏子春秋·内篇问上》）。

晏子强调要谨狱中听，即谨慎地审理案件，中正地定罪量刑，认为这是关系到国家兴亡的大事，为人君者不可不重视。刑狱和聚敛是当时行政的两大问题。"节欲则民富，中听则民安"（《晏子春秋·内篇问下》）；"慢听厚敛则民散。……谨听节敛，众民之术也"（《晏子春秋·内篇问下》）；"轻罪省功，而百姓亲"（《晏子春秋·内篇问上》）。统治者节制欲望，百姓就富裕，断案公正，百姓就安定；断案马虎收税繁重，百姓就离散，断案认真收税有节制，是使百姓众多的方法；减轻罪罚减省劳役，百姓就亲附。为此，当权者要宽惠慈众，"节欲""轻敛""省功"。晏子的这一思想，无论在当时还是后世，都产生了重大的影响。

（2）四维不张，国乃灭亡

基于"礼"在治国理政中的重要作用，《管子》一书在国家的治理上是非常强调实施礼治的，非常重视"礼"的教化。但管子没有对"礼"进行照搬照套式的继承，而是进行了创新性发展。在《管子》一书的首篇《牧民》中，就将礼、义、廉、耻视为国之四维，认为"四维不张，国乃灭亡"。"礼"排在首位，说明了"礼"在管子治国思想中的地位与重要性。

在管子的治国思想中，"礼"不仅是国家的法令规范，还可以作为人的社会行为的规范和标准，如果人们懂"礼"、守"礼"，就可避免出现"朝廷不肃，贵贱不明，长幼不分，度量不审，衣服无等，上下凌节"（《管子·权修》）的现象。所以，《管子》十分重视对国民的道德教育，强调治国牧民"必先顺教，万民乡风"（《管子·版法》），并多次指出怎样对国民实施有效的全方位教育，以及如何以此来规范国民行为，统一民俗民风，实现社会稳定，政通人和，长治久安。

为此，管子指出，关键在于对民众进行"礼、义、廉、耻"四维的道德文化教育。《管子》强调指出，凡是治国牧民的人，就应当使男人没有邪恶的行为，使女人没有淫乱的事情。而这一切，都需要依靠教育教诲来实现。晏婴把"礼"作了比较全面的理解：国君发令，臣下恭敬，父亲慈爱，儿子孝顺，哥哥仁爱，弟弟恭敬，丈夫和蔼，妻子温柔，婆婆慈爱，媳妇顺从，即国君发令而不违背礼，臣下恭敬而没有二心，父亲慈爱而教育儿子，儿子孝顺而规劝父亲，哥哥仁爱而友善，弟弟恭敬而顺服，丈夫和蔼而知义，妻子温柔而正直，婆婆慈爱而肯听从规劝，媳妇顺从而能委婉陈辞（《左传·昭公二十六年》）。在晏子看来，礼既是治国安民、和谐社会及家庭人际关系不可或缺的重要手段，同时也是维系国家政权巩固与稳定、保证社会生活有序发展的基石。不过，他说的"礼"，不是照搬"周礼"，而是对社会关系有序化的一种新的再认识，是想按照"礼"的规范约束贵族违礼的行为。虽然他尚未最后打破贵族与平民间的界限以改变"刑不上大夫"的基本特权，但这种"礼"却有对全社会的共同约束力。

同时，"礼不下庶人"的旧制，也由他提出的"度义因民"原则作了新的规范，谋事符合道义就必定会有收获，做事顺从民心就一定能成功，谋大事就能得大利，谋小事就能得小利，衡量事情的大小，权衡利益的轻重，执掌国家的人所操劳的事都合乎道义，所做的每一件事都是让百姓获得利益，背弃道义来谋事，即使成功也会导致不安稳；轻视老百姓的利益来做大事，即使成功也不会荣耀（《晏子春秋·内篇问上》）。这一思想把"礼"的规范与"义"统一起来，与利的再分配的合理化统一起来，照顾到了平民的权益、劳利的均衡，使利出于义、义者利之合的原则得到体现，丰富和发展了因俗简礼的传统政策，对"礼不下庶人"的旧制已多少有所突破。至于要求臣民做到的，君主必须首先要做到；禁止人民做的，君主自己也一定不能做，这已经从"义"的角度要求贵族与平民遵守相同的行为规范了。

礼治和法治，成功地塑造了尊礼守法的齐人。在齐晋鞍之战后，齐顷公战败回国，卫队为其开道，一个女子故意挡着路，问："在这场战争中，国君免于遇难了吗？"卫队中有人回答："免了。"她又问："锐司徒免于遇难了吗？"有人回答："也免了。"这个女子说："国君和我父亲都免于遇难了，那我也就不敢有更多的乞求了。"说完，就跑开了。齐顷公觉得她很懂大义，为了表彰她对国君和父亲的关爱之情，就把石这个地方封给了她。辟司徒之妻身份低微但很懂礼法，她先问国君安危，然后再问父亲安危，既有爱国之情，又有对父亲的一片孝心。

3. 举贤以临国，官能以救民

齐景公曾问"莅国治民"之道，晏子对以"举贤以临国，官能以救民"，选拔任用贤能之人来治理国家，管理百姓。理由是提拔贤人任用能人，百姓就会亲附君王。齐景公问"贤君治国"之行，晏子对以"其政任贤，其行爱民；……其民安乐而尚亲"（《晏子春秋·内篇问上》），人君任贤爱民，上下相安，则民安乐尚亲而国治。

姜太公出身寒微，凭功绩位极人臣，因此齐国建国之初便拟定和实行了"举贤而尚功"的用人政策。此后，举贤任能，唯贤是举，就成了齐文化的传统。这种传统主要表现为不计出身，唯才是举；以功为尚，不重名分。齐国历史上，两位功业显赫的贤相——辅佐齐桓公成就春秋霸业的管仲和挽狂澜于既倒的晏婴，前者为小商人，后者也非贵族，但二人都能凭自身才干名显诸侯。齐桓公的几个得力助手如宁戚、隰朋、鲍叔牙也都出身低微。齐威王时重用三人，内相邹忌，本为布衣之士；外将孙膑，是个身体残废的刑余之人；上卿淳于髡，则是一个出身低微的赘婿。齐宣王时，收稷下学者七十六人，"皆赐列第为上大夫，不治而议论。"（《史记·田敬仲完世家》）在齐国，尚贤重士已经形成了一种政治文化传统。

（1）桓公管仲——夫争天下者，必先争人

春秋时期，随着列国争霸的需要，得士者昌，失士者亡，士人的作用日益重要，能否争取到士的支持，成为国家兴衰存亡的关键。《管子·霸言》说："夫争天下者，必先争人。"这里的人主要是指贤能之人。

为了争霸天下，齐桓公接受管仲的建议，广泛招揽贤士。他"设庭燎，为士之欲造见者"（《说苑·尊贤》）。所谓庭燎，就是古代邦国在朝觐、祭祀和商议军国大事时，要在大庭中燃起火炬。根据爵位高低，使用不同数量的庭燎，而且差别巨大。桓公因为求贤若渴，便以公爵之位僭用天子之礼来待士，结果"四方之士，相携而并至矣"（《说苑·尊贤》）。据《管子·桓公问》记载，管仲还劝谏齐桓公效仿古代圣明帝王，他们以设立"明台""衢室""告善之旌""谏鼓""总街之庭""灵台"等形式，广开言路，听取各方谏议之言，为政府及君主提供服务。

为了大开贤路，招集天下人才，齐桓公还注意接待好各诸侯国的客人，齐桓公曾委派隰朋管理东方各国的事务，委派宾胥无管理西方各国的事务。齐国国内每 30 里设置驿站，贮备一些食品，设官管理。凡诸侯各国来的官吏，派专人用车为他们负载行装。若是住宿，派人替他喂马并以所备食品招待。如待客标准与收费标准不当，则要治管理者的罪。齐桓公还规定，凡国内官吏引荐其他诸侯国来到齐国做事的人，引荐得好，看所荐对象能力的大小，给予赏赐。引荐得不好，也不追究。

齐桓公还走出去，派人四处招揽人才。"又游士八千人，奉之以车马衣裘，多其资粮，财币足之，使出周游于四方，以号召收求天下之贤士。"（《管子·小匡》）组建了一个八十人的招贤队伍，带着香车宝马大量金银，四处游走招揽人才为齐国效力。齐桓公发现"饭牛于车下"的宁戚是个胸怀大志的贤人，连夜将他接到宫廷，"授之以为卿"。齐桓公路遇麦丘邑人，通过对话，觉得此人亦非等闲之辈，于是扶着麦丘邑人上了车，亲自驾车回来，在朝廷上行了封官之礼，把麦丘封给他，让他主持地方事务。至于他不顾君臣之礼，五次登门请贤士小臣稷出山的故事，更是表现了他求贤若渴的心愿。这既是对太公开明政治路线的继承发展，又为以后齐国的历代君主树立了良好的榜样。

管仲还为齐桓公设计出三选制，将"举贤尚功"更具体化，也更具操作性，这是人才擢拔制度的一大进步。据《国语·齐语》记载，所谓三选，首先是每年"正月之朝，乡长复事"时，让乡长推选其乡"好学、慈孝于父母、聪慧质仁、发闻于乡里者"及"有拳勇股肱之力秀出于众者"，即由乡长推选有德行之贤人和有武功之能人。其次，被推选上来的贤能之士，经桓公接见后，分配到官府试用一年。到期由所在官府的官长写出试用期鉴定，报告桓公。最后，桓公根据鉴定报告，亲自考核被推选者，对确为贤能者，派人到其乡里调查核实，若名副其实且无大过，就任命为上卿的助手。这种选拔人才的三选制度，废除门第身份贵贱之戒律，只要是德才贤能秀出于众者，都可以作为推举对象。而且，管仲还将那些不举贤能、营私舞弊者，处以五罪之刑，同时将选贤与举恶结合起来。这种不唯门第身份的用人制度，既选拔了贤能之才，又惩治了不善与朋党之徒。

（2）晏子——用贤，委裘之实

晏子承继和发扬了齐文化举贤任能、唯贤是举的传统，并为之注入了新的内容。在晏子看来，治国有三患："忠臣不信"，是说不用贤；"信臣不忠"，是说用小人；"君臣异心"，是远贤任佞的必然结果。因此，晏子将有贤而不知、知而不用、用而不任视为"三不祥"（《晏子春秋·内篇谏下》）。贤而不知是聋，知而不用是昏，用而不信是疑。人君既聋又昏又疑，国之不祥，莫过于此。因此，晏子认为尊贤方是治国之本，垂衣裳而天下治，其实质在于任贤用贤。

晏子认为，尊贤所以重要，在于尊贤能以贤者之长补己之短，以贤者所厚补己所薄。比如桓公，身体慵懒懈怠，辞令不敏捷；左右近臣多有过错，审案定罪不恰当；田野得不到开垦，农民生活不安定；军官懈怠，士兵散漫；平日里安逸懈怠，左右近臣害怕畏惧，花样繁多地享乐，简单马虎地治国；品德道义不正当，信誉德行衰微缺损等，毛病过失很多，但他选贤任能，能以他人的长处弥补自己的短处，以他人的丰厚弥补自己的不足。有了隰朋、弦宁、宁戚、王子成父、东郭牙、管仲等人辅佐，使得他的辞令直达边远而无人违抗，对有罪之国用兵而不受挫折，诸侯向往他的仁德，天子赐予他祭肉。

不过，齐景公不解桓公"善饮酒，穷乐，食味方丈，好色无别"，有过如此，为什么还能"率诸侯以朝天子"？晏子认为，这很简单，人君有大节，有小节。桓公饮酒穷乐，好色无别，是小节；而礼贤下士，尊贤任贤，则是大节。他见了贤人不埋没，使用能人不怠慢，所以治理内政而百姓感念他，对外征讨而诸侯畏惧他。因此，晏子认为人君必须以尊贤为德，以用贤为己任。

当然，晏子本人也实实在在地践行着自己的尊贤用贤思想。贤能之士越石父不幸沦为臣仆，晏子路上遇到之后，解下自己的马匹予以赎救，并载之归家。而越石父因为晏子没有对自己以礼相待，便要坚持离开，于是晏子虚心接受批评，将其延为上宾。晏子见自己的车夫知错就改、克于律己，便举荐他做了大夫。这充分说明晏子不仅不拘一格，唯才是举，而且虚心接受批评，具有大丈夫的不凡气度。

（3）田齐——人才为宝

齐国向来有尊重人才的优良传统，田氏代齐之后，更加注重延揽士人。然而把人才提高到国宝高度来认识的，唯有齐威王一人。据《史记·田敬仲完世家》记载，公元前334年，魏惠王率领韩国和一些小国到徐州朝见齐威王，仪式结束后，魏惠王和齐威王共同狩猎。中途休息时，魏惠王跟齐威王讨论起了国宝问题。魏惠王平时就喜欢珠宝美女，他收集了很多颗珍珠，其中一颗直径一寸有余，被魏王视为国宝。另外魏惠王还有十颗夜明珠，每一颗珠子都可以照亮十二辆马车的范围。这样的奇珍异宝，世间少有，魏惠王珍而藏之，轻易不给外人看。

▎齐威王雕像

魏惠王认为齐国国大民多，民富兵强，必然有更加罕见的国宝，希望借此机会可以开开眼界。不承想，齐威王直接说，齐国的国宝不是珠子而是人才，并列举了四位能臣干吏，即檀子、盼子、黔夫、种首。檀子守齐国南城，则楚国不敢北上争锋，泗上十二个诸侯以齐国为尊；盼子守齐国高唐城，则赵国不敢侵齐；黔夫守齐国徐州城，则燕人不敢南下；种首领齐国内政，则盗贼绝迹，路不拾遗！正是基于这种深刻认识，齐威王能够做到广延人才。他一面选用宗室中的才能之人如田忌、田盼子为官，一面又选用大批寒微之士如孙膑、淳于髡、邹忌委以重任。正是有了众多人才的辅佐，齐国得以中兴，再次成为东方强国。

齐威王后期，统治集团内部矛盾一度激化，出现人才外流现象。宣王即位后，"喜文学游说之士"，学者队伍重新扩大，阵容更整齐，"自如邹衍、淳于髡、田骈、接予、慎到、环渊之徒七十六人，皆赐列第，为上大夫，不治而议论。是以齐稷下学士复盛，且数百千人。"（《史记·田敬仲完世家》）稷下学宫作为齐国的学术中心，兼有最高学府、研究院、政治学术论坛、智囊机构等多种功能。稷下先生们可以在这里"不治而议论"，"著书言治乱之事，以干世主"，自由地发表学术和政治见解，评论时政得失，提出批评或建议。有些学者的批评直接针对君主本人及政治主张，且言辞激烈，如孟子对宣王的批评，而宣王也不过"顾左右而言他"而已。

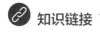 **知识链接**

赘婿淳于髡

《史记·滑稽列传》记载："淳于髡者，齐之赘婿也，长不满七尺。""髡"是先秦时的一种刑罚，指剃掉头顶周围的头发，淳于髡以此为名，可见他的社会地位之低。如果不是经济贫困，无力娶妻，一般人是不会入赘的。淳于髡身为赘婿，更可以确定他是出身于社会底层。尽管淳于髡出身卑微，又身材矮小、其貌不扬，却得到了齐国几代君主的尊宠和器重。邹忌拜相时，他率稷下先生七十余人向其问难，使得邹忌重视礼法、厉行改革；他与孟子进行过数次精彩的论辩；荀子到稷下游学时，淳于髡已经是稷下学宫中元老级人物，荀子经常向他请教，其"隆礼重法"的主张受到了淳于髡思想的影响。淳于髡还做过齐太子的老师。他门徒众多、德高望重，死时弟子送葬者有三千人。

（三）身者，治之本也

《管子·权修》说："天下者，国之本也。国者，乡之本也。乡者，家之本也。家者，人之本也。人者，身之本也。身者，治之本也。"这里从治理天下以国家为本，最后归结到人以自身为根本，首先应把自己治理好。管仲在回答齐桓公询问治国之道时也曾说："始于为身，中于为国，成于为天下"（《管子·中匡》)。那么，怎样为身？如何修身？管仲在回答桓公"请问为身"时指出："道血气以求长年，长心，长德，此为身也"(《管子·中匡》)。"道血气"是"为身"的办法，就是自我修养，修身养性，而目的却是延年益寿、增长智慧和提高道德水平。

1. 如其仁

春秋初年，人们曾经把"仁"作为一种美德。当时，和周桓王关系紧张的郑庄公请求和陈媾和，陈桓公不许，陈桓公的弟弟劝谏说："亲仁、善邻，国之宝也。君其许郑！"这是《左传》首次出现"仁"字，其事载于《左传·隐公六年》，可能发生在鲁隐公三年至六年之间。这里的"仁"指仁人、仁者，但是并没有说明什么样的人才是仁人、仁者。

到了齐桓公时代，人们对于"仁"的概念有了比较确切的说法。在多年的政治生涯中，齐桓公不仅率军驰骋疆场，救邢、封卫、制服强楚，而且"九合诸侯，一匡天下"(《史记·管晏列传》)，主持了许多次大规模的诸侯盟会，稳定了中原地区的政治局势。由此，齐桓公得到了广泛的拥护，"天下诸侯称仁焉"(《管子·小匡》)。天下诸侯所称之"仁"，指能够为中、小国家排忧解难者。

《国语·齐语》里有一段描述齐桓公仁德的内容：齐桓公知道天下诸侯归附他，所以就让诸侯们带着轻微的礼物来朝见，而用重礼回赠他们。所以天下诸侯朝见时用劣马做礼物，用麻织的粗布做托玉器的衬垫，送来的鹿皮也不是整张的。诸侯的使者空着口袋而来，却都满载而归。由于齐国用利笼络他们，用信结交他们，用武力威慑他们，所以天下的小国诸侯一旦与桓公缔结盟约，就没有谁敢背弃。桓公知道天下诸侯都服从自己，所以又大力施展他的忠信，可以采取行动帮助诸侯的就去行动，可以为诸侯谋划的就去谋划。桓公派军队灭掉了不服从他的谭和遂两个小国，但自己不去占有而把它们的土地分给诸侯，所以诸侯们称颂他的宽宏大度。他取消对车夷一带渔盐的禁运，命令关市对过往的渔盐只检查而不收税，用这个办法使诸侯得到实利，诸侯们都称颂他能广施恩惠。他下令修筑葵兹、晏、负夏、领釜丘等几个要塞，用以防御戎人和狄人对邻近各诸侯国的侵略；他还下令修筑五鹿、中牟、盖与、牡丘等几个关隘，用以捍卫诸夏的要地，并向中原各国显示自己的权威。桓公为了霸业而从事的教化终于大见成效，于是甲胄盾和刀剑矛戟矢都封存收藏而不用，穿着朝服西渡黄河与强大的晋国盟会也丝毫不必害怕了，这是文治的成功。所以大国都自惭不及，小国纷纷归附。

齐桓公的仁义之举，是打着"尊王攘夷"的旗帜实现的。"尊王"短期目标是统一于周室，周王无力，霸主代行王命。而远期目标则是建立一个大一统的中央集权国家。因此，这个口号既具有稳定当前局势的重要现实意义，又具有推动社会前进的长远意义。尊王室一是表现在利用盟会的形式，使诸侯间不得无故侵扰与自相残杀；二是表现为当周天子遇到外患时，桓公集合诸侯军，拱卫王室；三是表现为桓公的征伐总是在周王的旗帜下进行的。

那时，生活在四周地区的戎狄势力很大，经常骚扰王室，进犯中原。桓公除大力维护王室外，对遭到戎狄侵略的其他诸侯，亦以继亡存绝的仁爱精神，鼎力救援。如鲁僖公元年（公元前659年）狄人伐邢，齐桓公马上派出兵力支援，使邢人免受亡国之灾。为了使邢人不再受人欺凌，齐桓公还帮邢国全体远迁到夷仪（今山东聊城一带），并为邢人筑起了城，使其过上安居乐业的生活。第二年，北方外来势力灭了卫国，并且杀死了卫懿公。当时卫国本土只剩下了730人。齐桓公派自己的儿子公子无亏带领三百乘兵车、三千名甲士迎接这些人来到曹（今河南滑县），立新君戴公，卫国得以复国。后来，齐桓公派兵一直护卫在曹地，并且赠送了牛、羊、鸡、狗等许多生活必需品和物资。戴公死后，其弟文公立，齐又带领诸侯军队为卫国修筑楚丘（位于今河南滑县）新城，并把卫国整体迁到了那里。在一段时间里，齐国还帮助这个小国进行了有效的防卫。

正因为这个原因，在春秋时期的人物中，齐桓公和管仲受到了孔子最高、最中肯的评价。《论语·宪问》篇中记载，子路因为管仲没有自杀以殉公子纠而认为管仲没有仁德，孔子解释说："桓公九合诸侯，不以兵车，管仲之力也。如其仁，如其仁。"管仲帮助齐桓公召集诸侯会盟，息兵戈而解纷争，使天下由此而安，为维护和平作出了贡献，这就是他的"仁德"。

公子纠被杀以后，召忽毅然赴死，所以大家觉得召忽是忠义之士，忠心为主，一心不二。而管仲却忍辱偷生，所以他受到了很多人的抨击，甚至是不信任和误解。可是，正是有了管仲的忍辱负重，他才能去帮助桓公治理齐国，安定天下，这才是他真正的仁之所在。因此，召忽是忠，是义；而管仲却是仁，是德。

无独有偶，晏子也有过类似的选择。齐庄公通奸大臣崔杼之妻，被崔杼弑杀，晏子闻讯赶来，立于崔氏门外，既不为君死，又不流亡，也不回家。他说：

> 君民者，岂以陵民？社稷是主。臣君者，岂为其口实？社稷是养。故君为社稷死，则死之；为社稷亡，则亡之。若为己死，而为己亡，非其私昵，谁敢任之？且人有君而弑之，吾焉得死之？而焉得亡之？将庸何归？（《左传·襄公二十五年》）

晏子的话说得很清楚，国君治民，不是凌驾在人民之上就算国君，要为社稷之主才称得上君。臣属国君之人也不是为讨一口饭吃，而是为了保全社稷，一切以社稷为准则。庄公私行不检而死于非命，只有"私昵"那种贴身护卫的家臣才该为他死，社稷之臣既不会为他而死，也不会为他而流亡。所以，晏子忠于的是齐国这个国家，是齐国所有百姓，他一生都致力于治理好齐国，让更多的百姓受益。晏子身上体现出来的，就是一种大有为的仁者风范。

2. 礼，不可无也

据《晏子春秋·内篇谏上》记载，齐景公饮酒饮到酣畅的时候，说："今天我愿意和大夫们痛快地畅饮，请不必讲究礼节。"晏子劝谏说："禽兽凭力气选头领，强者欺负弱者，所以每天都要更换头领。现在您要去掉礼节，这就同禽兽一样了。如果群臣凭强力选君主，强者欺负弱者，就将每天更换君主，您怎么能坐稳君位呢？人之所以比禽兽高贵，就是因为有礼节。所以《诗经》上说，'人如果没了礼义，为什么不快快死掉？'礼节不能没有啊！"景公只顾饮酒，不听晏子的劝诫。

过了一会儿，景公出去，晏子不起立；景公进来，晏子仍然不起立；大家一齐举杯，晏子却抢先喝酒。景公极为生气，晏子乘机劝谏说："我是想用我刚才的举动让您看到无礼的状况。您如果不要礼节，就是这个样子啊！"从这以后，景公修整了礼法来治理国政，百官也恭恭敬敬地讲究礼节了。

齐桓公三十五年（公元前651年），桓公约鲁、宋、卫、郑、许、曹等国在葵丘相会修好。周襄王派大臣宰孔赐桓公祭肉，桓公要下阶跪拜，宰孔说桓公年纪大，加上有功劳，不让其下拜，但齐桓公还是拜于阶下后上堂接受祭肉。齐桓公恪守礼仪以尊周天子，从此周天子就乖乖地顺从齐的意志，达到了"挟天子以令诸侯"的目的。

"礼"有其内在的特质和外在的表现形式。如《礼记·礼器》

所言："先王之立礼也，有本，有文。忠信，礼之本也；义理，礼之文也。无本不立，无文不行。"先王所制之礼，有本质有原则。忠信，就是礼的本质；义理，就是礼的原则。没有本质就不能确立，没有原则就不能施行。《管子·枢言》云："先王贵诚信。诚信者，天下之结也。"先王最重视诚信。言而有信，人民才会信服，天下各国才能结好。

 知识链接

儒法之争

　　先秦历史上有儒法之争，争论的焦点，是实行礼治还是法治。儒家和法家尽管观点不同，但都认为人的行为是需要约束的，双方的分歧在于，究竟用什么来约束人。以孔子为代表的儒家主张用内在的道德力量来约束自己，《论语·雍也》中说："君子博学于文，约之以礼，亦可以弗畔矣。"作为君子，一方面要"博学于文"，广博地学习文献，积累深厚的知识，同时要"约之以礼"，用礼来约束自己的言行。

　　齐襄公的缺点就是不守信用。他曾派连称、管至父两人去驻守葵丘。两人是在瓜熟的时候去的，齐襄公与他们约定："到明年瓜熟的时候，我就派人来接替你们。"结果到了第二年瓜熟的时候，齐襄公并不派人去接替。连称、管至父两人再三请求，齐襄公仍然不兑现当初的许诺。连称、管至父由此怨恨齐襄公，此事成了后来齐襄公被杀的一个导火索。

公元前 681 年，齐、鲁两国在柯地会盟。会盟之际，齐桓公在鲁将曹沫的劫持之下，被迫答应归还侵占的鲁国汶阳之田。这原为胁迫之下的权宜之举，事后本可以反悔，但齐桓公仍然听从管仲建议，将汶阳之田归还了鲁国，由此在诸侯中立下了守信用、有德行的好名声。孔子说"齐桓公正而不谲"（《论语·宪问》），认为他作风正派，不用诡诈，不要手段。齐桓公之所以能在诸侯间享有崇高威望，与他的这种品德很有关系。

重礼与讲信相辅相成。齐庄公三年（公元前 551 年），晋国的下卿栾盈投奔齐国。此前，齐国已于庄公二年（公元前 552 年）与晋国等在商任盟誓，以此禁锢栾盈，于是晏婴遂以"失信不立"之语劝说齐庄公，庄公不以为然。事后，晏婴私下里跟人说，"君人执信，巨人执共（恭）。忠信笃敬，上下同之，天之道也。君自弃也，弗能久矣。"（《左传·襄公二十二年》）君主背信，不能长久了。

3. 称身之过

《管子·小称》说："善罪身者，民不得罪也。不能罪身者，民罪之。故称身之过者，强也。治身之节者，惠也。不以善归人者，仁也。"善于自我批评的，人民就不会责备他；只有不肯自我批评的，人民才会谴责他。所以，承认自己的错误，是刚强的表现；修养自己的德行，是智慧的表现；不把不好的事归咎于别人，是仁义的表现。因此，明智的君王有了过错就归咎于自己，有了好事就归功于民众。有了过错就归咎于自己，自己就会警惕；有了好事就归功于民众，民众就会感到喜悦。把好处给民众以取悦于民众，把过错归咎于自己从而引以为戒，这是明智的君王能够治理好民众的原因。因此，统治者要善于修正自身的行为，这是保身的最好方法。

那么，承认和检讨自身的过错，会不会被民众轻视呢？管仲又说："丹青在山，民知而取之。美珠在渊，民知而取之。是以我有过为，而民无过命。民之观也察矣，不可遁逃，以为不善。故我有善则立誉我，我有过则立毁我。"（《管子·小称》）即丹青藏在深山，人们知道后就会把它取出来；美珠沉在深渊，人们知道后就会把它捞出来。所以，我会有错误的行为，而民众却不会有错误的评价。民众对问题看得清清楚楚，不要指望为非作歹能够逃避民众的眼睛。所以，我有德行，人们马上就会赞扬我；我有过错，人们马上就会指责我。总之，功过是非，自会得到公正的评价。因此，一心为别人着想，时时修正自己的不足，实为明智之举；反之，有了丑行败绩，假象掩盖不了，谎言欺骗不了，甚至暴力也威胁不了，瞒天过海最终也只是自取其辱。

齐桓公曾九合诸侯，一匡天下，为春秋首霸，是位有雄才大略的君主。不过，齐桓公也有不少缺点，并为这些缺点而忐忑不安。《管子·小匡》记载，齐桓公拜管仲为相后，如获至宝，相见恨晚，接连两天与他促膝长谈，探讨治国称霸的方略。第三天，齐桓公却面带愧色地提出了一个意外的问题。他推心置腹地对管仲说："我有三大缺点，还能把国家治好吗？"管仲说：

"我还没有听说过。"桓公说，我嗜好田猎，每至深夜才回；嗜好饮酒，日以继夜；贪恋女色，以至耽误政务，违逆人伦。管仲却说，这些毛病都不要紧，人君唯有优柔寡断和不奋勉为不可。优柔寡断则无人拥护，不奋勉则不能成事。管仲在这里虽然没有指责桓公的缺点，但却提出了要桓公改过的要求。要桓公奋勉，自然改正三个过失；不能优柔寡断，当然也是喻改错要坚决。桓公身为君主，至高无上，仍对自己的过失于心不安。况且，他检讨的三过，在当时不少诸侯君主来看，也许是稀松平常之事，甚至是合情合理的。而桓公对这些过失能忧心忡忡，深刻检讨，唯恐影响了自己的霸业。

齐桓公也确实做到了克己省身。据说他曾经很喜欢穿紫色衣服，人们都模仿他，使得国人尽服紫衣，致使市场上紫色的布价格倍增，五匹没有染色的布还抵不上一匹紫布。对于这种习尚，齐桓公不是沾沾自喜，而是感到忧虑，怕民众为紫衣而靡费钱财。后来他听从管仲的劝告，不仅自己不服紫衣，并且向大家表示自己讨厌紫色衣服的难闻气味。很快，官员们和国人都不再穿紫色衣服。

稷下先生进谏，齐王纳谏，是稷下学宫作为政治咨询中心的一大特色。当稷下先生慷慨陈词、态度倨傲时，齐王每每表现得特别大度。《战国策·齐策四》有记述：王斗见齐宣王，到了宫廷门口，以"我拜见大王是爱慕权势，大王迎接我是礼贤下士"为由，要齐宣王到宫门亲自迎接他，宣王果然如此。谈话时，王斗直言诤谏宣王"好马""好狗""好酒""好色"，独不"好士"，直到宣王说"寡人有罪国家"，王斗才罢休。而颜斶劝谏齐宣王贵士，宣王竟然要做他的弟子。齐宣王知错即改，选拔五个贤能之士任命为官，结果齐国大治。

据《晏子春秋·内篇杂上》记载：燕国有个叫泯子午的游士，往南到齐国拜见晏子，声言有三百篇文章，章法很讲究，条理很清楚。从大的方面说，这些文章对治理国家有所补益，从小的方面说，可以对晏子有好处。他很想跟晏子好好谈一下。但是当泯子午见到晏子的时候，不知什么原因却吓得说不出话来。晏子很和气、礼貌地开导他。这样泯子午才算镇静下来，才能详尽地回答问话。泯子午走后，晏子端正地坐着，好一段时间没有上朝。他身旁的人说："先前燕国的客人给您说话，先生为什么忧虑呢？"晏子说："燕是拥有万辆兵车的大国，距离齐国有千里的路程。泯子午认为万乘大国不值得喜欢，千里路程不算遥远，那么，这个人就在千万人之上了。这样的人尚且跟我不能把话说尽，何况是齐国怀有善良愿望而死的人呢？我不能看到的人岂不更多吗？我失去了这么多贤者，能不忧虑吗？"

二、鲁文化中的政德思想

由于周公的原因，鲁国受赐丰厚，地位特殊；也因为周公的关系，鲁国得享天子之礼乐。因此，鲁人对周礼别有一种亲切感，久而久之，鲁国举国上下形成了热爱礼乐、重视礼乐文化的传统，鲁国成为典型的周代礼乐的保存者。在众多的诸侯国中，鲁国受周公制礼作乐的影响最为显著，而周公开创的以德治国理念，也就在这种礼乐制度中得到了进一步的发展与完善。

鲁国是周公之子伯禽的封国。周公历经文王、武王、成王三代，既是西周的开国元勋，又是成就"成康之治"者。周公的功绩被《尚书大传》概括为"周公摄政，一年救乱，二年克殷，三年践奄，四年建侯卫，五年营成周，六年制作礼乐，七年致政成王"，奠定了周朝约 800 年的统治基业。伯禽，又称禽父，是周公长子，也是在曲阜就国的第一位鲁君。早在受封鲁国之前，他就已经是一位有所作为的人物。据记载，伯禽曾任王室的大祝之官，即祝官之长，掌管祭祀告神。大祝禽鼎、禽簋等彝器上有铭文可以证明。而且周公东征时，伯禽率领国人参加了这场战争，是周王室的一支强大而可靠的力量。正是由于周公以及伯禽的重要地位和显赫功劳，伯禽受封的仪式非常隆重，得到的赏赐也特别优厚。

　　《左传·定公四年》记载了这次与众不同的分封。成王除了把"少昊之墟"的土地和"殷民六族"的殷遗民封给伯禽外，还赐给他天子所用的"大路"（天子祭天之车）、"大旃"（九旗之画蛟龙者）、"夏后氏之璜"（夏朝的宝玉）、"封父之繁弱"（良弓）。此外，还有"祝、宗、卜、史，备物、典策，官司、彝器"。宗即宗人，是掌管祭祀之礼的人；卜即大卜，是卜筮之长；史即大史，是记史事并掌管典籍、星历的人；备物即服饰器物；典策即记载周代礼乐的典籍简册；官司即百官，包括原为周天子服务的国家职事人员，有若干卿、大夫、士；彝器即常用器。因此，鲁国受封的时候就已经职官、典籍、礼器一应俱全。除此之外，鲁国受封的疆域也非常辽阔。《礼记·明堂位》记载:"是以封周公于曲阜,地方七百里。"土地每边七百里,实际上虽然不可能如此整齐划一,但是这表明了鲁国受封的特殊性。

由于周公的原因,鲁国受赐丰厚,地位特殊;也因为周公的关系,鲁国得享天子之礼乐。当时为了褒奖周公,周成王把周天子才能使用的礼乐重器赏赐给鲁国,让它拥有与周天子等同的典章制度,"世世祀周公以天子之礼乐"(《礼记·明堂位》),从而使得鲁国成为当时唯一一个可以和周王室使用同一规格礼仪的诸侯国。据《史记·鲁周公世家》记载:"成王乃命鲁得郊祭文王。鲁有天子礼乐者,以褒周公之德也。"《礼记·明堂位》载:"凡四代之器、服、官,鲁兼用之。是故鲁,王礼也,天下传之久矣。"鲁国除了礼法规定的周公庙、伯禽庙及各位鲁公庙外,鲁城内还有周文王庙,以及周人始祖后稷的母亲姜嫄的庙,称为閟宫。鲁国都城中有庙,各大都邑也都立有"宗庙先君之主"。鲁国不仅可以祭祀周文王、姜嫄,还可以祭祀昊天与后稷,这也是别的诸侯国所望尘莫及的特权。祭祀昊天以后稷配享,这在周代是最为隆重的祭天礼。祭天源于自然崇拜,表明政权得自于"天",具有天然的合理性,本来只有周天子才能祭天,可是因为周公的原因,鲁国被特许享有祭天之礼。恐怕这些都是鲁国特有的现象。

因此,鲁国作为王室的"懿亲",与周王室关系非同一般。清人高士奇便说:"过去周公辅佐武王、成王两朝,对王室有大的勋劳,所以伯禽封鲁的时候,赐予鲁国山川土地与附庸小国，鲁国得到的赏赐与其他姬姓国相比，是非常丰厚的，因此鲁国号称望国。周王迎娶王后与出嫁女儿，都是由鲁国主持。所以周王室最亲近的诸侯国就是鲁国，而鲁国也是藩屏周王室最忠心的诸侯国。"

也正是因为这样，鲁国从分封伊始，就在诸侯国中占有不同寻常的重要地位。《国语·鲁语》记载"鲁之班长"，就是说鲁国在诸侯国中位次居长。晋文公称霸时，分曹国土地给诸侯，鲁僖公派执政臧文仲前去。途中臧文仲在重馆歇息，重馆人劝告他要赶快前往晋国，说："鲁国既然是诸侯之长，如果去得又最早，诸侯谁还能比得上鲁国？鲁国一定会多分得土地。"臧文仲听从了他的话，日夜兼程，首先赶到晋国。果然，鲁国得到的土地比其他诸侯国要多。春秋初年，齐国遭受北戎侵犯时向各国求助，战后答谢诸侯，在馈送粮饷给各国大夫时，请鲁国按班次代为分派。这主要是因为鲁为周公之后，有"望国"的地位，所以当涉及诸侯班次的时候，总是由鲁国主持。战国时期的鲁国虽然已经国小力弱，卑于诸侯，但是曾经为诸侯之长的意识仍然深深留在其记忆里，依然操纵着它以自己的方式处理外交事务。唐朝陆德明的《经典释文》上记载着这样一个小故事：楚宣王召诸侯，鲁恭公来晚了，而且进献的酒薄。楚宣王大怒，想羞辱他。鲁恭公拒不受命，说："我是周公的后代，是诸侯之长，拥有天子的礼乐，对周王室有莫大的勋劳。我送给你酒已是失礼，又责备我酒薄，真是无礼至极。"于是不辞而别，回国去了。

鲁国既然有行使天子礼乐的特权，那么鲁人自然不能忘记祖述先王的教训，追忆周公制定的礼乐。当初伯禽封鲁后，周公对他寄予厚望，希望他担负起为王室镇守东方的重任，并在伯禽东行赴鲁之前，把他叫到自己身边，语重心长地叮嘱他，要谦逊待人，礼贤下士，谨

山东曲阜周公庙《金人铭碑》

慎处世，以卑胜高，并用自己"一沐三握发，一饭三吐哺"的故事告诫伯禽。至今在曲阜周公庙主殿元圣殿西侧，侍立着一尊金人泥塑像，金人口部被三个封条封住，此即"三缄其口"的出处。其背书《金人铭》，是周公嘱其子伯禽处世的铭言，也是周公从政的切身经验。据说是伯禽就任鲁国时写在随行一位老仆葛衣上的铭文。这名老仆受周公嘱托，每天将这件写有铭文的葛衣穿在身上，时刻提醒伯禽要谦虚谨慎，慎言慎行。这是周公修身从政经验的集中体现，主要包含四点：一要少言慎言，毋多生事；二要防微杜渐，谨慎小恶；三要礼贤下士，屈己尊人；四要淡泊名利，处下不争。后世的鲁公为了纪念这位老仆，就在周公庙用黄铜立了这位老仆的塑像，并在他的后

背上，用篆文刻下了这篇《金人铭》。

另外，据《韩诗外传》记载，在伯禽离开父母、赶赴封地之际，周公还告诫儿子说："去了以后，你不要因为受封于鲁国就怠慢人才。我是文王的儿子，武王的弟弟，成王的叔叔，又身兼辅佐天子的重任，我在天下的地位也不算轻的了。可是洗一次头，要多次停下来，握着自己已散的头发；吃一顿饭，也要多次停下来，接待宾客。即使这样，还怕因怠慢而失去人才。我听说，品行高尚仍常怀恭敬之心的人，必享荣耀；封地辽阔，物产丰富，仍能保持勤俭的人，他的生活必定安定；官职位高势盛，仍然保持谦卑的人，是真正高贵的人；人口众多、军队强大，仍能常怀敬畏之心防备外患的人，必是胜利的人；自身聪慧明智但仍觉得自己愚笨的人，是富有哲思的人；见闻广博，记忆力强，但仍觉得自己见识浅陋的人，是一个有智慧的人。这六点都是谦虚谨慎的美德。即使尊贵如天子，富裕得拥有天下，便是因为奉行尊崇这些品德。不谦虚谨慎从而失去天下，进而导致自己身亡的人，桀、纣就是这样。你能不慎重吗？"谆谆告诫伯禽一定要礼贤下士，广罗人才，更好地治理鲁国。

《礼记·文王世子》记载伯禽曾经接受世子的教育，这也许是后人的推测，然而，他接受周礼是作为家礼来进行的倒不一定是妄说。伯禽到了封地之后，"变其俗，革其礼"（《史记·鲁周公世家》），改变当地的风俗习惯，革除当地的各种制度，把西周礼乐文化原封不动地移植到了曲阜，打造出了一个周文化的东方样板。

因此，鲁人对周礼别有一种亲切感，久而久之，鲁国举国上下形成了热爱礼乐、重视礼乐文化的传统，鲁国成为典型的周代礼乐的保存者。一直到春秋晚期，鲁国对周礼的保存仍然让其他诸侯国的人由衷地感慨，并且在王室衰微、礼崩乐坏之际，对维护周礼发挥了重要作用。鲁襄公二十九年（公元前544 年）时，吴国公子季札遍游鲁、齐、郑、卫、晋等国，但只有在鲁国观赏到了当时唯一保存比较完备的周代乐曲。当他依次欣赏完了二十几种乐舞后，大发感慨地说："观止矣！若有他乐，吾不敢请已。"意思是说，观赏就到这里吧！如果还有其他乐舞，也不敢再请求观赏了！这便是以"叹为观止"来称赞所见乐舞好到极点。鲁昭公二年（公元前540 年），晋国的韩宣子到鲁国聘问时，他在太史氏那里参观藏书，见到了《易象》与《鲁春秋》，也说："周礼尽在鲁矣"。鲁哀公十七年（公元前478 年），鲁、齐两国诸侯会盟，《左传》记载会盟时的情况说："公会齐侯盟于蒙，孟武伯相。齐侯稽首，公拜。齐人怒。武伯曰：'非天子，寡君无所稽首。'"在会盟的时候，齐平公向鲁哀公叩头，而鲁哀公却仅仅向齐平公弯腰作揖，礼数有差，齐人当然发怒。但是鲁哀公的傧相武伯回答的也无可挑剔。因为按照礼仪的规定，诸侯只有朝觐周天子时才行叩头之礼，齐人虽然发怒，但亦无可奈何。

鲁秉周礼，对维护国君尊严、鲁国安定同样起了积极作用。鲁襄公二十九年（公元前544 年），鲁襄公为朝见楚康王而滞留在楚国，正碰上楚康王去世，楚人让鲁襄公亲自为死者穿衣服，而为死者穿衣是使臣吊临国君丧事的礼节，襄公为此感到非常尴尬。叔孙豹出主意说："您可以先举行为殡葬拔除不祥的祭祀，然后再给死者穿衣服，这就等于朝聘时送礼物。"用巫师除不祥，是君临臣丧的礼节。鲁襄公恍然大悟，于是让巫师先用桃木棒与笤帚拔除不祥，然后为康王穿衣。楚国人明白过来后，非常后悔。正是由于叔孙豹深谙礼仪、足智多谋，才使鲁襄公免受强楚的羞辱。

最典型的事例发生在鲁闵公元年（公元前722年），当时齐桓公从仲孙湫那里得知鲁国因庆父之难而大伤元气时，就问仲孙湫："鲁国可以攻取吗？"仲孙湫回答说："不可以！他们仍然秉持着周礼。周礼，是立国的根本。我听说，一个国家将要灭亡，就像大树，树干要先行倒下，然后树叶才跟着枯萎。鲁国不抛弃周礼，不能动它的脑筋。君王应当从事于安定鲁国的祸难并且亲近它。亲近有礼仪的国家，依靠坚定稳固的国家，离间内部不和的国家，灭亡昏昧动乱的国家，这才是称王称霸的策略。"从此段对话可以看出，正值庆父之难时的鲁国，国家几近被倾覆，可在仲孙湫眼里，还不属于"内部不和的国家"，也不属于"昏昧动乱的国家"，依然是"有礼仪的国家"，建议齐桓公亲近并安定鲁国。这是多么耐人深思的事情！在齐国君臣眼里，这时的鲁国仍然像一棵参天大树，尽管枝叶上小毛病不断，但只要树干稳固无比，就可以通过自身的努力来解决。所以，在某种意义上来讲，是"犹秉周礼"使鲁国度过了几亡社稷的庆父之难。

应该说，在众多的诸侯国中，鲁国受周公制礼作乐的影响最为显著。而周公开创的以德治国理念，也就在这种礼乐制度中得到了进一步的发展与完善。

（一）天道赏善

商、周两代的统治者，都强调王权的合法性和至高无上的权威性皆来自"天命"，即"王权"须靠"神权"来保证。所不同的是，小邦周取代大邑殷后，巨大的历史变革引起了人们思想观念的变化，于是"天命靡常"（《诗经·大雅·文王》），"皇天无亲，惟德是辅"（《尚书·蔡仲之命》）的新观念出现。这样一来，"天"就不再与唯一的氏族、君权相关联，而是可以随着执政者"德"的有无发生转移，统治者须"敬德"才能获得天命。因此，西周"以德配天"的观念，仍然是在承认天命的前提下来讲的。

到了春秋时期，以怀疑、否定天命为基础，发展出了以人为主体、以人的自觉为根本的理性人文精神。鲁文化打破卜筮的宗教迷信文化，就是从对天命观的怀疑与否定入手的。

据《左传》记载，鲁僖公二十一年（公元前639年）夏天，鲁国大旱，鲁僖公要烧死巫师和尫者。因为时人认为巫师负有祈雨之职，而尫者作为仰面凸胸的畸形人，为上天哀怜，所以久旱不雨。这时，执政大臣臧文仲就进谏说："烧死他们并不是防备旱灾的办法。我们现在应该做的是修理城郭，在民艰于食的情况下，稍给民食。再降低饮食标准，节省开支，致力于农事，使农业不因天旱而荒废，劝人分财施舍，这才不失为救荒之策。巫师和尪者能起什么作用？上天如果要杀死他们，那么不如不要生下他们；如果他们能导致旱灾，烧死他们只会加剧旱情。"鲁僖公按照他的方法去做，果然，这一年虽然有饥荒，却没有伤害人民。

臧文仲，即臧孙辰。他的曾祖为鲁孝公之子公子彄，因公子彄的字为子臧，所以后世得以臧为氏，臧孙氏成为鲁国的一大世族。公子彄即臧僖伯，僖伯之子是臧哀伯，即臧孙达，他们皆深明大义，刚正不阿，分别在隐公与桓公的时候进谏国君，给人留下深刻的印象。臧文仲即臧哀伯的孙子，是鲁国历史上有名的贤大夫。臧文仲历仕庄、闵、僖、文四朝，卒于鲁文公十年（公元前 617 年），对鲁国的政治、思想影响很大，鲁人对他充满了爱戴与感激。他去世六十八年后，鲁国大夫叔孙豹在回答范宣子问话时高度评价了他，认为他的言论能够代代流传，是真正的"死而不朽"。史学家童书业称臧文仲是春秋时期的"学人"，贵族阶级中的"学者"，并把他与郑国的子产相提并论，称他是"不世出的圣贤"。臧文仲有着丰富的从政经验，他明白一味地迷信天命、天意无用，唯有得到"民"（即"国人"）的拥护，贵族统治才能很好地生存与发展。他的这一说法体现出否定上帝、神灵决定人事吉凶的天命观，认为人类社会按照自身规律发展，能决定自身吉凶祸福。这就使得传统天命观下完全屈从于天的人有了独立的地位，人得以与天相提并论。

与此同时，在神灵之天以外，自然之天也获得了承认。据《左传》记载，鲁昭公十七年（公元前525年）冬季，彗星在大火星旁边出现，光芒西达银河。鲁人申须说："彗星是用来除旧布新的，天上发生的事常常象征凶吉，现在对大火星清扫，大火星再度出现必然散布灾殃，诸侯各国恐怕会有火灾吧！"大夫梓慎则进一步分析说，夏代的历数和天象适应，如果发生火灾，恐怕有四个国家承当，就是宋国、卫国、陈国、郑国。因为宋国，是大火星的分野；陈国，是太暤的分野；郑国，是祝融的分野，都是大火星所居住的地方。彗星到达银河，银河就是水。而卫国，是颛顼的分野，和它相配的星正是大水。在这里，申须、梓慎说明火灾的发生，都没有用神灵、天意之类的天命观来说明问题，而是根据天象大火的出现，来断言地上与其五行中相应的国家必有火灾，而地上与五行的火相应的国家的推定，是根据与天象分野的相应，或是与历史王朝的五行属性来决定的。这是以五行为中心，将其天象、地理、历史、国家等纳入其中而进行的一种类推。它虽然有着将自然与人事相附会的不足，但五行以金、木、水、火、土为说，却是对自然界的五种物质的概括。因此，这是春秋时期鲁文化在神灵之天外，关于自然之天的认识，是神灵之天与自然之天在春秋时期二分化结出的思想成果。

在这种情况下，鲁文化中的天命、天道观念发生了很大的变化，大夫叔孙豹提出了"天道赏善"思想。据《左传》记载，齐国的庆封作恶多端，生活糜烂，后来遭田氏、鲍氏、栾氏、高氏联合反对，儿子庆舍被杀，他只好逃亡到鲁国来。不久，鲁国受到齐国责难，庆封只好又逃亡到吴国。吴子句余把朱方封给了庆封，他聚集了族人住在那里，比以前更为富有了。于是，鲁大夫子服惠伯对叔孙豹说："上天大概要让坏人富有，庆封又富有起来了。"叔孙豹说："好人富有叫作奖赏，坏人富有叫作灾殃。上天恐怕是想降灾于他，将要让他们聚集而一起被杀尽吧！"结果与叔孙豹的预言完全吻合，鲁昭公四年（公元前538年）庆封最终落得个全族被诛杀的下场。

叔孙豹，即叔孙穆子，也称穆叔，鲁桓公四代孙，叔孙得臣的儿子，叔孙侨如（宣伯）的弟弟。叔孙豹以国事为重，极力维护鲁国的尊严，人品高洁，思想道德水平很高，非一般人所能及，文献中几乎将他当作圣贤一类的模范来写。从叔孙豹在这件事中的言论可以看出，春秋时代鲁文化已经逐渐摆脱事神的迷思，客观地看待事物的发展变化，更加看重人事和德行。因此，这一时期的天道观更为理性、更为科学、更为现实，它告诉统治者要想得到上天的佑护，必须修养自己的德行，注重人事，因为"天道赏善"。

在鲁文化中，人们开始把德纳入卜筮、祭祀等宗教神学活动当中，这些事件的应验结果往往需要根据统治者的政治德行来判断。这样一来，崇德和事神连接在了一起。

1. 筮占由德

卜筮作为探求天意、推算命运、用以决疑的一种迷信手段，本是三代宗教迷信的重要表现形式，特点是神灵拥有最终与最高的决定权，反映的是人对上帝的屈从，把人的所作所为交由上天来决定的观念。春秋时期人们已经有了对传统天命观的怀疑与否定，但是，这种怀疑与否定是不彻底的。人们遇到重大的问题，尤其是一些疑难问题时，还是要请教卜、史、巫、祝，借助卜筮等方式向神灵求得启示，以决定相应的行为。因此，春秋时期借助卜筮等的预占仍然十分流行，这在《左传》与《国语》中大量的史料可以证明这一点。不过，人自身"德"的因素却开始渗入其中并发挥着重要的作用。

据《左传·襄公九年》记载，穆姜迁入东宫之前，筮占得到吉卦，但她自己对此却有着自知之明，说："这卦象在《周易》里说'《随》，元、亨、利、贞，没有灾祸。'元，是躯体最高的地方；亨，是嘉礼中的主宾相会；利，是道义的总和；贞，是事情的本体。体现了仁就足以领导别人，美好的德行足以协调礼仪，有利于万物足以总括道义，本体坚强足以办好事情，正是因为这样，所以才是不能欺骗的。因此，虽然得到《随》卦却不会带来灾祸。现在我作为女人而参与了动乱，本来地位低下而又没有仁德，不能说是元；使国家不安定，不能说是亨；做了事情而害自身，不能说是利；丢弃寡妇的地位而修饰爱美，不能说是贞。具有上面四种德行的，得到《随》卦才可以没有灾祸。而我这四种德行都不具备，难道合于《随》卦卦辞吗？我挑取邪恶，能够没有灾祸吗？我一定死在这里，不能出去了。"由此可见，穆姜认为"德"与"福"有关，无德者必不能得福，福祸不决定于卜筮，而是取决于德行。

 知识链接 ········

德福之辨

春秋时期，人们认为"德"的作用与价值主要集中在德与祸福的关系上。人们普遍认为，德与福之间存在着一种必然的联系，而无德与祸之间同样也存在必然联系。据《国语·晋语》，范文子将福与德的关系譬喻为墙与墙基，离开墙基，墙就不可能竖立。因此，必须先有德，然后才可能有福，有德是有福的基础与前提。而且，德愈厚福愈多，二者之间是成正比的。他把这种有德才有福还上升为天道的体现，更是对二者的必然关系的肯定。

但是，历史上也不乏无德的无耻之徒窃取高官厚禄，而且，愈是无耻，所窃取的福禄就愈多，所谓"窃国者侯"。于是，有人解释说，这种德与福相分离的情况，只能称之为幸，而不能称之为福。没有道德，却有福禄，并不是真正的福。这种偶然的侥幸，有人认为不仅不是福，反而是祸殃，所谓"无德而禄，殃也"（《左传·僖公五年》）。

经过周公制礼作乐，"德"的观念成为"礼"的核心。所以，鲁人认为，卜筮如不与礼相合，也必定不会灵验。鲁襄公七年（公元前 566 年）的夏四月，鲁国已经耕种完毕，又卜问郊祭是否吉利，这是不合礼的。孟献子便说："我从今以后才知道卜筮的灵验。郊祭，是祭祀后稷祈求农业丰收。因此蛰虫启动便进行郊祭，郊祭以后开始农耕。如今已经耕种完毕才为郊祭占卜，怪不得神灵不显示吉利。"

孟献子即仲孙蔑，是鲁桓公的四世孙，穆伯仲孙敖的孙子，文伯谷的儿子。作为孟孙氏家族的继承人，他与叔孙侨如、季孙行父一样，都是鲁国掌握军政大权的重要人物。孟献子经常出使他国，参加盟会，因其知礼守礼，所到之处受到广泛赞扬。在这里，他深刻地认识到，失礼总是与失德相伴而生，失礼必失德，失德亦必失礼。而这种不合乎礼仪的行为，就是失德的表现，自然不会得到神灵护佑。

从春秋时期鲁国的大量卜筮史料中可以看出，凡是怀贪、不义等不合乎道德的行为，在卜筮中总是被预言将有祸害凶险；相反，有忠、信、仁、义等德行，则往往被预言一定得福。这就使得卜筮的单纯神灵决定作用从根本上遭到了怀疑与否定，而变为实际上是用人的行为来说明行为的后果。因此，春秋时期鲁国的卜筮充满着人的道德政治社会行为决定吉凶祸福的理性人文精神，与神灵决定人事吉凶祸福是从根本上相对的。

打破天命决定论

春秋时期，鲁国仍以神灵预占吉凶，看似神灵在起决定作用，但把吉凶的根本原因归结为人君的政治好坏，实是以人的政治为最终的原因。因此，不同神怪的出现，并不是神灵的自由意志，而是与人的因素联系在一起。将人的因素掺入预占中，并以人的行为来决定预占吉凶的不同，就使本来是体现天命的预占，有了人文的理性因子，在预占上打破了天命决定论。

2. 鬼神飨德

鲁人重礼，有深厚的礼乐传统。在各种礼仪中，祭祀是最为重要的部分，《礼记·祭统》中有"礼有五经，莫重于祭"的说法，所以鲁人对祭祀是相当重视的。在鲁人的心目中，祭祀是国家政治活动中的头等大事，它与关乎国家安危的战争一样受到重视，即《左传·成公十三年》中所说的"国之大事，在祀与戎"。鲁人还把祭祀上升到"国典"的地位，说："夫祀，国之大节也，而节，政之所成也，故慎制祀以为国典。"（《国语·鲁语》）祭祀是国家的大礼大法，而礼法是用以成就政事的，所以必须慎重制定祭祀以作为国家的典章制度。

《国语·鲁语》记载了鲁国的贤者柳下惠论述周代的祭祀

原则。柳下惠，又称柳下季，是春秋时期鲁国的大夫。姓展，名获，字禽，惠是他的谥号，季是他在兄弟们中的排行。出生于鲁国公族，始祖为孝公之子公子展，后世遂以展为氏，柳下惠就是孝公五世孙。高诱《淮南子注》说："展禽家有柳树，身有惠德，因号柳下惠。"也有人说柳下是他所居地名（据传在今山东新泰西柳村）。柳下惠主要生活在僖公、文公时期，一生不得志，仅担任过士师即掌管刑狱的小官的职位，级别不高。但是柳下惠却以知礼、秉礼著称于世。他的言行后来多次受到孔子、孟子的赞扬。

当时，有一种叫作"爰居"的大海鸟停在鲁国东门外三天不飞走，鲁人以为神奇，臧文仲派国人进行祭祀。柳下惠根据先代圣王制祀的原则，批评臧文仲的做法，说："圣王规定的祭祀对象，必须符合下列条件：或者将礼法留给人民；或者以死尽力王事；或者以辛劳安定国家；或者为国抵御天灾；或者为邦国解除重大祸患。除了这五种有功于民的人外，其余都不得进行祭祀，海鸟爰居对鲁人无恩无功，是异类，根本不配人们祭祀它。臧孙氏，您这样做算不上'仁'，也算不上'智'，这是迂阔而不知政要的表现。海鸟之所以来陆地，大概是因为今年海上有什么灾害吧。鸟兽都有感知自然灾害的本领，所以飞到陆地上躲避。"果然那年天气异常，海上多刮大风，冬季温暖。可见，祭祀对象被精心筛选，其共同点就是"有功烈于民"。

祭祀行为的主体是人，时代的思想观念在祭祀理念中会有所反映。鲁人受礼乐传统的指导与熏陶，他们的祭祀观念也就发生了深刻的变化。据《左传·昭公十年》的一段记载，七月，季平子进攻莒国，占领郠地，奉献俘虏，在亳社开始用人祭祀。当时大夫臧武子正在齐国出使，听到了这件事，就说："周公大约不去享用鲁国的祭祀了吧！周公享用合于道义的祭祀，鲁国不符合道义。……把人同牲畜一样使用，上天将会降福给谁呀！"臧武仲不认同这种残忍的做法，认为鬼神不会享用无道义之祭祀，也不会对他们赐福。

在鲁人身上，祭祀的神秘性、宗教性已经相对淡薄。他们认为神灵受飨的标准是主祭者有"德"，即所谓"鬼神飨德"，所以要求受祭者必须"敬德"。因而鲁人的祭祀原则是"有功则祀"和"有恩必报"，已经非常理性化。

公元前 660 年，鲁僖公在季友的辅助下即位。鲁僖公即位前，鲁国遭受庆父之乱，祸难接连不断，齐国甚至想要乘机攻取它，国势岌岌可危。而鲁僖公即位以后，在贤臣的辅佐下，采取灵活的外交策略，在各强国之间周旋，极大地提高了鲁国的威信；同时内修政治，兴礼乐，广教化，政成民和，一派政治晏然的气象。鲁国不仅易乱为治，转危而安，而且国势逐渐恢复和强盛起来，出现了鲁国历史上难得的小康时期。所以，后人有的认为，僖公不仅是春秋时期鲁国十二公之首，就算把他放到春秋众多的诸侯国中去看，像他那样因为德行出众而有《颂》高度赞扬的，也是绝无仅有的，进而高度评价僖公不愧为鲁国的"中兴之主"。

正是由于僖公的功劳，鲁人很是敬重僖公。僖公在位三十三年，在他死后不久，鲁国在太庙里举行禘祭，当时担任宗伯的夏父弗忌便力尊僖公，将僖公的享祀位次升于闵公之上。尽管当时宗有司等人认为这不符合长幼亲疏的昭穆制度，反对这样做，但是夏父弗忌坚持认为，虽然闵公即位在僖公之前，但是僖公为兄，闵公为弟，应该先大后小，而且他认为更重要的是僖公有明德，为"圣贤"。

鲁人格外注重祭祀的教化作用。鲁襄公去世时，鲁国执政季武子立了襄公的庶子公子裯为君，即鲁昭公。叔孙豹看到他在居丧期间面有喜色，一点也不悲伤，认为此人不孝，而不孝的人很少不造成祸患的，从而推断若立了他，一定会给季氏带来忧患。李武子不听，最终立了昭公。后来昭公与季氏斗争白热化，昭公驱逐季氏不成，最后出逃，死在了国外。

据《左传·襄公二十八年》，由于"宋国之盟"的缘故，鲁襄公和宋平公、陈哀公、郑简公、许悼公到了楚国。鲁襄公经过郑国，郑简公不在国内，大夫伯有到黄崖慰劳，表现得不恭敬。叔孙豹就说："伯有如果在郑国没有罪，郑国必然有大灾祸。恭敬，是百姓的主宰，现在丢弃了它，如何能继承祖宗保持的家业？郑国人不讨伐他，必然要遭到他的灾祸。水边的薄土，路边积水中的浮萍水草，用来作祭品，季兰作为祭尸，这是由于恭敬。恭敬难道能丢弃吗？"在他看来，"敬"为"民之主"，不但祭祀时恭敬之心最为重要，在它的伦理教化之下，任何场合中的恭敬都是必不可缺的。在这里，叔孙豹充分强调了祭祀的伦理教化作用。

3. 民和而后神降之福

西周初年，周公从商王朝灭亡与周王朝兴起的正反历史经验教训中，认识到只有敬德，才能保有庶民永享天命。但在经过一段时间的发展后，周王朝的统治者也丢掉了敬德保民的国策，而对人民进行日益加重的压迫与剥削，到西周末年，更是愈演愈烈。

然而，弃德离民所带来的社会危机，在周天子权威陷落，诸多诸侯国开始相互吞并的历史条件下，周天子为着保持自己形式上的宗主地位，各诸侯国为着在激烈竞争中取胜，都不得不再次承认人民的作用。尤其是进入春秋以后，各国间竞争激烈，统治者统治人民的多寡，人民能否为统治者在战场上卖命，都决定着一个国家的生死存亡。所以，现实的残酷性，迫使统治者中的开明之士不得不肯定人民的作用，承认人民在社会中的一定地位，从而形成一股重民的社会思潮。

鲁文化认为决定社稷变化的关键力量是人民，而不是神，民可以改变神的意志，神在民面前，只能是服从的力量。著名的长勺之战中，曹刿与鲁庄公论战时就提出了这样的观点。长勺之战开始前，曹刿问鲁庄公凭借什么力量来作战。庄公说："我对百姓从不吝啬衣服和食物，对神灵从不吝啬牛羊和玉器。"曹刿则说："只有从根本上树德施惠，百姓才会对君王有归附之心，百姓齐心和睦然后神灵才会降临福祉。如果您能向百姓广施恩德并公平地处理政事，就能使君子甘愿致力于协助治国而平民甘愿致力于贡献力量；君王的举动不违背时令，财用不去过度耗费，那么百姓的财用就不会匮乏，大家才有能力共同供奉神灵。所以，君王需要百姓效力时就没有不听从的，求神降福就没有不丰厚的。现在您只是到了临战关头才给百姓施以小惠，独自恭敬地向神灵供奉祭品。而小惠不可能遍及民众，独自供奉也不可能丰裕。不遍施恩德，百姓就不会一心归附；供奉不丰，神灵就不会降福，这样一来，您还凭什么去作战呢？百姓所祈求的是财用不感到匮乏，神灵所需求的是祭品丰裕，所以不可以不从根本上着眼。"庄公说："我处理百姓的狱讼之时虽然不能做到体察一切，但一定会依据情理断案。"曹刿这才满意，说："这就可以了。假如您内心确实为百姓考虑，智慧即使有所不及，也一定接近正确的治国之道了。"

曹刿先说"民和而后神降"，是以民在先，神在后，以民和作为神降的先决条件。讲到后来，干脆不说什么神，而是只讲"中心图民"就够了，认为这才是能够取得战争胜利的根本保证，把民重于神的观念说得更为明白。

在这一重民的社会思潮下，鲁国卿大夫都认识到民是决定国家存亡的决定因素，大夫里革甚至以此来解释现实发生的杀君灭国以及君主被流放事件。据《国语·鲁语》，晋厉公被晋臣栾书、中行偃所杀，消息传来，成公便问："臣子杀了他的国君，是谁的过错？"里革回答："这是国君的过错。"而在他看来，晋侯的过错就在于他对民"殄灭而莫之恤"，"弃民事"，民众到了灭亡的地步也不去体恤，放弃了治理民众的事情，最终丧失了民心，使得人民不能为其所用。而且，里革更为深刻的地方在于，他不仅就晋侯被杀一事指出了其原因，而且，还把历史上桀、纣、厉、幽等暴君、昏君的被杀逐，都归结为"皆是术也"。这就把对具体历史事件的议论上升到了一般理论的高度，并总结出了一个肯定民的作用的结论：凡弃民者，民必弃之。

这样一来，能够直接决定一个政权命运的，就不再是作为民意代表的皇天、天命等至上神，而是人民。因为按照西周时期敬德保民观念的理路，"德"不过是充当了"政"与"天"的中介，政权的最终根据依然是形而上的昊天。现在，"德"的内涵被进一步具体化，普天之下的"民"成为经验世界中"天"的替代物，"民"成为政权合法性的最终依据。

从此出发，鲁上卿臧孙达（即臧哀伯）主张人君与人民应该是相互依存的关系，他还用是否有恤民之心，来评判是否配为合格的人君。据《左传》，鲁庄公十一年秋末，出现大水灾，鲁国派人去宋国慰问，宋闵公答复说："我对于上天不诚敬，上天降灾，还使贵国国君担忧，承蒙关注，实不敢当。"臧文仲根据这句话预言宋国必兴，而他的父亲臧孙达则评价说："（说这句话的宋国公子御说）是宜为君，有恤民之心。"以有恤民之心，作为合格君主的根据所在，而非传统观念中的尊天敬天畏天。

鲁文化中的重民思想如此之盛，以致影响到了整个西周时期一直服服贴贴做着鲁国附庸的邾国。春秋时期，在国都被鲁国占领、失去政治中心后，当时的国君邾文公决定带着国人离开生活了四百多年的故地，迁都到"绎"（今山东邹城东南）。据《左传·文公十三年》记载，邾文公为了迁都之事问卜于史，史官占卜后得出结论说："利于民而不利于君。"在邾文公看来，任何预占都必须以利于百姓作为最大的吉利，因为民是国之本，神之主，对于君主来讲，只要维护好百姓利益就能得到真正的庇佑。于是，他不顾众臣的反对，坚持迁都。

这一重民的社会思潮既是西周之初敬德保民思想的历史飞跃，也是其后中国古代政治文化中一直流传的民本观的直接思想来源。

（二）以德和民

《左传·隐公四年》记载，卫国的州吁杀掉卫桓公而自立为国君，鲁隐公向大夫众仲询问州吁能否成功。众仲说："臣闻以德和民，不闻以乱。"政治上成功的关键在于获得民众的支持，"和"是务德的核心内容，单凭武力犯上作乱、虐民，只会招致众叛亲离的悲惨结局。从众仲说"闻之"来看，以德治民应该是周初以来相沿的国策，并且一直得到人们的认可，以致成为春秋时期人们谈论政治的公理原则。

众仲的"以德和民"，把"德"与"民"紧密地联结在一起，拓展了西周"敬德保民"思想，将民众的利益能否得到维护作为"有德"与"无德"的标准。因此，鲁人主张人君应该"养民如子"，"视民如子"，既要给人民创造一个安定的生活环境，提供一定的物质生活保障，还要用德义教化人民。

1. 恤民之患

鲁文公五年（公元前 622 年）秋天，楚将成大心与仲归率领军队灭亡了六国，冬天，楚公子燮灭亡蓼国。臧文仲听到六国与蓼国都灭亡了，深有感触地说："六国与蓼国灭亡，他们的祖先皋陶、庭坚转眼间就没人祭祀了。他们的国君不建立德行，危难的时候，百姓也就没人尽忠效力。多么令人伤心的事情啊！"鲁昭公九年，鲁国修筑郎囿，季平子想加快工程进度以便早日完工，叔孙婼劝阻他说："加快进度势必会扰民，民众将无法承受。没有园林还是可以的，没有民众能行吗？"在他们看来，要做到使民心无违，就必须"在位者恤民之患"，实行德治。

鲁庄公二十八年（公元前 666 年），鲁国发生饥荒，臧文仲劝说鲁庄公用国家的名器玉帛去齐国购买粮食，并主动请求让自己前去。到了齐国之后，臧文仲利用自己的口才，感动齐国，满载粮食而归。当时，这种"入齐告籴"的难事，别的大臣避都避不开，而臧文仲却主动请缨，他的随从对此十分不解，问他："国君不命令您去，您却自己主动地选择职事，这是为什么？"臧文仲回答说："贤能的人能够急国家之所急，而在国家和平无事的时候倒可以让贤，居官在位的人当事决不能逃避，应当以身赴国难，在上位的人能够体恤百姓的忧思，这样国家才能平安无事。"臧文仲当政期间，还采取了"废六关"的措施，具体内容虽不十分明了，但多数研究者认为是废除鲁国的六处关卡，以利于经商，这无疑也会起到刺激商业繁荣、促进鲁国经济发展、有益人民福祉的作用。

鲁隐公在这方面采取了许多卓有成效的措施。鲁隐公是鲁国的第十三代国君，他是鲁惠公的庶长子。按周朝的传统礼法，"立嫡不立庶，立长不立贤"，鲁隐公本来没机会当上鲁国国君，但因惠公死时太子姬允（即后来的桓公）还太小，因此鲁隐公上台"摄政"。在鲁懿公、伯御和鲁孝公时期，鲁国和邾国曾经发生战争，邾武公帮助伯御杀掉了鲁懿公，后来周宣王带领天子的军队征伐鲁国，杀死了伯御，扶持鲁孝公，顺带着杀死了邾武公夷父颜，还将邾国一分为三，分为邾国、小邾国和滥国。从那时起，鲁国和邾国就结下了梁子。鲁隐公执政之后，立刻着手修复双边关系，于鲁隐公元年（公元前722年）春三月，主动和邾国的国君邾仪父在泗水边的一个叫蔑的地方结盟，相约睦邻友好，互不侵犯。鲁国和邾国之间的蔑之盟，是春秋时期诸侯之间直接结盟的开始。到了秋天，鲁隐公又积极作为，将因为父亲鲁惠公时期与宋国的矛盾化解，两国在一个叫作宿的地方结盟。因此，鲁隐公的友好很快传遍了各诸侯国，郑国、齐国和鲁国的关系很融洽，而鲁国周围的一些小国如滕、薛等国，也都纷纷到鲁国来朝拜。这就为鲁国创造了一个难得的和平环境，让人民在战火纷飞的年代，免于战争的屠戮。

鲁隐公更大的荣誉来自帮助周天子的"勤王"义举。鲁隐公六年（公元前717年）冬，京师成周洛邑发生了大饥荒。周桓王姬林遇到难处，首先想到了周公之后的鲁国，于是派人来到鲁国，请求卖粮给王室，以便渡过难关。鲁隐公对此十分上心，他除了把鲁国剩余的粮食全部运到成周洛邑之外，还自告奋勇，担任了周天子的使者，到宋、卫、齐、郑等国四处奔走，请求大家都卖粮给王室。这使周天子和各个诸侯国都非常感动，称其为"贤者"。

　　鲁庄公末年，鲁国多发生饥荒，而鲁僖公时期，采取了许多措施防备自然灾害，在灾害发生的情况下又积极救灾，使得即使偶尔有灾，也不足为害。克服了自然灾害以后，农业"岁其有"，即年年丰收。鲁人无饥馑之虞，则人人逐颜开，生活安定起来。鲁僖公还结强齐之援，这样既可以稳定齐国，使其不兴师伐鲁，而且与齐国结盟能够提高鲁国的地位，减少鲁国的外患。此外，在鲁国有饥荒的时候，齐国多能卖粮给鲁，解决了鲁国的燃眉之急，稳定了政局。而在晋文公霸业如日中天的时候，鲁僖公还结好晋国，对晋国的召唤非常勤勉。此外，鲁僖公对班次相同的诸侯急困多能援手，与他们互相救恤忧患，极大提高了鲁国的威信，如鲁僖公二十八年（公元前632年），为卫成公向晋国求情，既讨得晋人欢心，又解决了卫公之难。因此，虽然鲁国此时处在齐、晋、楚等强国之间，但在应付和交往这些大国时，鲁国还是比较成功的。这样，鲁国出现了一派政治晏然的气象。鲁人以为鲁僖公是有道明君，所以甚至僖公还健在的时候，鲁人就谱写了许多诗篇赞美他。现存的《鲁颂》共四篇，全是颂扬鲁僖公的，可以说鲁人对僖公"铺张扬厉，赞不容口"。

鲁昭公元年（公元前 541 年），叔孙豹与十国诸侯在虢地（今河南郑州北）相会，季武子（季孙宿）却率军攻打莒国，占领了郓邑。莒国人到盟会现场来控告鲁国，楚国提议晋国要严惩亵渎盟誓的鲁国，要求杀掉鲁国使臣叔孙豹。叔孙豹命在旦夕。晋君宠臣乐王鲋辅佐赵文子代表晋国参加盟会，乐王鲋想向叔孙豹索要财物，以此为条件替他说情，但是又不好意思明说，因此派了使者向叔孙豹请求要他的带子。叔孙豹不给，他的手下不明白，劝他说："请您不要爱惜财物，生命才是最重要的。"叔孙豹听了长叹一声，说："我哪里是吝啬财物！诸侯之间会见，是为了保卫国家。如果我通过贿赂免除了祸难，鲁国就一定会受到诸侯军队的攻打。既然这样做会使国家遭殃，又说什么保卫国家呢？人民之所以要有围墙，是为了阻挡坏人的入侵。墙有缝隙损坏，这是谁的罪责？为了保卫国家却又使国家遭到攻击，我的罪就更大了。虽然我应当怨恨季氏，但是鲁国有什么罪？"叔孙豹为了不给诸侯攻打鲁国的口实，坚持不贿赂乐王鲋。

赵文子听说后，感动地说："面对祸患不忘记国家，这是忠；考虑到危难而不放弃职守，这是信；为国家打算而不怕死，这是贞；策谋事情以以上三点作为主体，这是义。一个人具有这四项优点，怎么可以杀死他呢？"于是坚决向楚国请求，赦免了叔孙豹。叔孙豹为了不让自己的国家和人民陷入战争的泥沼，完全将个人安危置之脑后，以抗强晋、强楚的命令，感人至深。

2. 以德抚民

春秋时代，崇德是社会上的共识，"大上有立德"（《左传·襄公二十四年》）。鲁襄公二十一年（公元前552年），邾国大夫庶其带着邾国二地逃来鲁国，季武子把襄公的姑妈嫁给他，还对他的随从都进行赏赐。那时候，鲁国盗贼很多，季武子要臧武仲捕治盗贼，臧武仲却说盗贼不可捕治，也没能力捕治。季武子怒，说道："你是司寇，捕治盗贼是你的职责，为什么做不到？"武仲说："你招来外国的盗贼而大大给予礼遇，我怎么能禁止国内的盗贼？你身为正卿而引来外国的盗贼，却让我来除掉，我如何能办得到？庶其在邾国偷盗了城邑来我国，你却对他以及他的随从都有赏赐。对大盗，你给他国君的姑妈以及大城邑作为优礼；次一等的给予奴隶牛马；再次一等的给予衣裳剑带。你这是奖励盗贼！既然您已经奖赏了他们，再除掉他们恐怕有困难了。而且您是在上位的人，应该做人民的好榜样，应该洗涤自己的内心，至诚地对待别人，用一定的规范法度来表示诚信，用显明的行为作证，然后才可以治理人民。现在您自己违犯了，怎么要求民众做到诚信，不欺不盗呢？"

而臧文仲劝鲁僖公解救卫成公，则是另一种形式的"以德抚民"。这个故事出自《国语·鲁语》。鲁僖公二十八年（公元前 632 年），卫君恃楚国保护而不事奉晋国，晋文公攻打卫国，并在温地会盟的时候，抓住卫成公送到京师。晋文公想用毒药毒死卫成公，但是没有成功，导致骑虎难下。这时臧文仲便劝鲁僖公为卫成公求情，说："我估计卫君没有什么罪了。刑罚有五种，但是没有暗中下毒的。现在晋侯用毒酒毒卫君，没有成功，又忌讳有暗杀的恶名，如果有诸侯为卫君求情，晋侯一定会同意。我听说，诸侯班次相等的就应该互相救恤，这样才能亲近诸侯，提高自己国家的威望，同时也能为民作出表率。况且，鲁国不抛弃自己的兄弟之国，他们又怎能对鲁不友好呢？"鲁僖公听了非常高兴，听从了臧文仲的建议，为卫君求情，送给周襄王与晋文公每人十对玉。果然，晋侯乘势释放了卫成公。这样，鲁国一举两得，既讨得晋人欢心，又解了卫公之难。晋文公认为鲁国有义，从此以后，晋使去鲁国聘问，规格比其他诸侯国加一等，还加重聘礼。而卫成公听说是臧文仲善言解救了他，派人给臧文仲送去礼物，但是臧文仲以臣下不能越过国君行事而婉言谢绝了。

在任何时代，人民都是国家的基础。如果能够通过礼的纲纪、法度作用，达到人民各守其正也就是各守其常，国家也就安定了。礼对国家的价值与作用实际上就是通过"正民"来实现的。当时鲁庄公想去齐国观看社祭，曹刿劝阻说："不能去。礼，是用来端正百姓的。所以先王为诸侯订下制度，规定诸侯每五年要派使臣聘见天子四次，诸侯亲自朝见天子一次。事毕就集中在一起讲习礼仪，用以厘正爵位的尊卑，遵循长幼的次序，讲求上下的法度，确定纳贡的标准，在这期间不能缺席或怠慢。现在齐国废弃始祖太公望的法制，让大家去观看社祭，你为这事也前去参观，这是没有先例的，今后怎么训导百姓呢？……国君的一举一动都是要记载下来的，记载不合法度的事，后世子孙们将会怎么看呢？"

在曹刿看来，诸侯的举动皆当合乎礼，这样才能成为民之表率，进而治理民众，而赏善、罚恶、恤民等治理手段，都是礼的体现。据《左传·文公十八年》，莒国太子仆弑父而逃，携带着宝玉来到鲁国，把宝玉献给为父守丧的鲁宣公。鲁宣公命令给他一座城邑，说："今天一定要办好。"然而，季文子（即季孙行父，是鲁桓公的孙子，季友的儿子，历仕文公、宣公、成公、襄公四代，执政三十三年，季孙氏后来在鲁国的强势正是在这一时期打下基础的）派遣司寇把太子仆驱逐出境，说："今天一定要执行。"宣公非常生气，问他原因，季文子派太史克回答说："先大夫臧文仲教导我侍奉君主的礼仪，说：'见到对他的君主有礼的人，侍奉他犹如孝子供养父母。见到对他的君主无礼的人，杀死他犹如鹰鹯追逐鸟雀。'我谨慎地奉行这一教导不敢有任何违背。而且，先君周公说：'毁弃礼的法则就是贼，藏匿贼的就是窝主，偷窃财物的就是盗，偷盗宝器的就是奸。有窝主的名声，利用奸人偷盗的宝器，是大凶德，国有常刑，不得赦免，记载在《九刑》中，不能忘记。'我详细审察莒仆这个人，他没有任何地方可以取法。孝敬、忠信是吉德，盗贼、窝赃是凶德。莒仆这个人，用孝敬来衡量，他杀死了他的君父；用忠信来衡量，他偷窃了宝玉。所以说他这个人，就是盗贼；他的宝器，就是奸人的赃物。保护他而接受了他的宝玉，就是窝赃。用这种行为来训导人民，人民就昏乱，无所取法。所以我一定要把这个凶顽的坏人赶走，不能让他来危害我国。"鲁宣公听后，良久地默默无语。

因此，礼对于国家政治是不可或缺的。当时一些人观察国家命运时都着眼于君主是否守礼。鲁襄公四年（公元前569年），因为陈国背叛楚国而亲近晋国，楚国准备讨伐它，不想遇上陈成公突然去世。听到陈国有丧事，楚国停止了军事行动，但陈国依然不听从楚国的命令。臧武仲听说后，认为楚国作为一个大国尚且按照礼仪规定行事，遇陈国国丧而停止进攻，陈国作为一个小国却对紧邻的大国楚国无礼，陈国一定会灭亡。果然，陈国因为对楚国反复无常，最终被楚所灭，灭而后封，封而又灭。

3. 宜大夫庶士

春秋时期，政治形势的剧烈变动造成了旧式官学的衰落，而新形势下各国对人才的需要又有增无减，并且提出了更高的要求。"夫争天下者，必先争人"（《管子·霸言》），"佐贤则君尊、国安、民治，无佐则君卑、国危、民乱"（《管子·版法解》），这些都道出了人才对于治国的重要性。春秋五霸无不以举贤任能而兴，甚至以任用外来人才而兴，而他们也无不以骄奢拒谏闭贤而败。因此，对君主来说，要治理好国家，最重要的莫过于发现人才，并把人才放到合适的位子上去发挥才干。

在春秋时期鲁国十二公之中，鲁僖公因德行出众而被后人高度评价为鲁国的"中兴之主"。鲁僖公之所以能够取得如此大的美名，是和他建立的功业分不开的，而他建立的功业又和他用人得当分不开。鲁僖公即位后，任用平定内乱、拥立自己为君的季友和具有较高政治才能的臧文仲为执政之卿，"宜大夫庶士"（《诗经·鲁颂·閟宫》），使大夫、庶士等大小官员各得其所，所以涌现出许多贤臣能士。

在鲁庄公、鲁僖公之际，同"不去庆父，鲁难未已"恰成反照的，是"季友不入，鲁国不定"。季友是鲁桓公的儿子，他既平息了庆父之难又辅助鲁僖公即位，对鲁国有定国安邦之功。不仅如此，鲁僖公元年（公元前 659 年），莒国乘鲁国内乱初定、政局未稳之机，出兵鲁国，向鲁国索要财物，季友果断地率兵迎击，在郦（鲁东地）打败莒军，并俘获了莒君的弟弟挐。《春秋》加以记载，以表彰季友俘获敌人的功劳。鲁僖公因为其功劳卓著，将汶阳之田与费赐给了他。而且，一直到鲁僖公十六年（公元前 644 年）去世，季友一生都在尽心于鲁政，《春秋》一书中屡次有他"如齐"的记载就是明证。

臧文仲是鲁僖公时的另一位执政之卿，他在僖公时期，尤其是僖公后期，成了鲁国政权中的重要决策人物。他处世稳重老练，有着丰富的治国经验，对鲁僖公时期的政治起了很好的作用。臧文仲十分注意结交邻国，当时鲁国周围环绕齐、莒、宋、卫等国，他便主张先结强齐之援，因为这样才能更好地应付"国之艰急"。所以，鲁僖公三十三年（公元前627年），尽管此时的齐国已失去了桓公称霸时的威风，但仍是当时诸侯中的强者，臧文仲便从鲁国的安全着想，仍劝鲁僖公朝齐。当年十月，鲁僖公朝齐，以结友好。臧文仲能言善辩，鲁僖公二十六年（公元前634年），齐国伐鲁，臧文仲亲自出使楚国，说服楚令尹成得臣出兵援鲁。

春秋之时，统治者鉴于国人地位的提高，其中的开明之士多有提倡"重民"之论者，臧文仲便是其中之一。他主张德治，强调恤民，致力于发展经济，重视结交邻国，对鲁僖公影响很大。鲁僖公对臧文仲的意见和劝谏，也多能接受和听从。

臧文仲当初听从了重馆人的话，日夜兼程，首先赶到晋国，果然讨得晋人欢心，分得了比其他诸侯国都要多的土地。事后，臧文仲并不掩人之功，而是如实向鲁僖公汇报说："得到的土地多，是重馆人的功劳。"并积极为重馆人请赏，说："做了好事，虽然他的地位低贱，但也应该进行奖赏，现在重馆人一句话就开辟了国土，他的功劳是很大的。请奖赏他！"于是鲁僖公赐重馆人为大夫。重馆人由贱隶升为大夫，地位发生了根本的变化。这不仅说明臧文仲崇尚贤能，也说明鲁僖公爱才惜才。

孟献子也知人善任，爱才若渴，以人才为宝。《国语》《孟子》中记载孟献子有"斗臣"乐正裘、牧仲等五人，孟献子对待他们如同朋友，开了后世养士的先河。鲁襄公十年（公元前553年），在诸侯攻打偪阳的战役中，偪阳人把布从城上悬下来以挑逗攻城的人，秦堇父就拉着布登城，爬到靠近城垛的时候，城上的人把布割断。秦堇父跌下城来，守城的人又把布挂下来，秦堇父醒来后又爬上去，这样三次，守城人对此钦服，不再挂布。由于秦堇父的英勇表现，回国后，孟献子就以他为车右，以示奖励。

（三）修德守礼

1. 修德以待时

在鲁文化中，与个体意识提升相伴随的，是"修德"的说法十分显著。

鲁庄公八年（公元前686年），鲁国准备联合陈、蔡攻灭西邻郕国，由于陈、蔡军队没到，鲁庄公又邀请齐国攻打郕国，结果郕国单独投降了齐国。鲁公子仲庆父（名庆父，是桓公的儿子，庄公的弟弟，仲是在兄弟中排行第二的意思）请求攻打齐军，鲁庄公回答说："不行！我实在缺乏德行，齐军有什么罪？罪是由我而来。《夏书》上说：'皋陶勉力培育德行，有了德行，别人自然降服。'我们姑且致力于修德以等待时机吧！"庆父请求讨伐齐师，庄公却说这是自己的德行还不够，主张向内修德以待时机。

这虽然是外部形势所迫下的无奈之举，但对鲁庄公来讲，"修德以待时"，的确既是一个修身的方法，也是一种治国的策略。鲁庄公三年（公元前691年），位于今山东寿光县南的纪国分裂，纪侯的弟弟纪季带着纪国的一块土地投靠齐国，纪国面临着被齐国吞并的危险。在此情况下，纪侯迫不得已，请求鲁国帮助。鲁庄公为了帮助纪国，曾经亲自到滑（今河南睢县西北）地，力图会见郑国君主，想使郑、鲁两国采取联合行动以救纪。但是，当时正值郑国内乱，无暇顾及此事。鲁庄公权衡利弊之后，只能听任纪国被齐吞并，而不与齐直接对抗，其政策是等待时机以求一击。长勺之战以后，齐国联合宋国军队伐鲁，以求报复。鲁庄公亲自率军迎战，在乘丘（今山东兖州境内）和宋军作战，并且亲自用名为"金仆姑"的箭射中活捉了宋军主将。翌年，宋国为了报复乘丘之役的失败而再次伐鲁，鲁庄公采取先发制人的策略，未等宋军布好阵势即率军猛攻，致使宋军大败。但在鲁庄公十一年（公元前 683 年）秋天，宋国遭到水灾时，鲁庄公马上派使臣前往宋国慰问。鲁庄公十三年（公元前 681 年），他又主动采取措施与齐会盟于柯（今山东阳谷东北），表示鲁、齐两国媾和，以修复与齐国的关系。鲁庄公在位 32 年，是以武功强盛著称的鲁国君主，这与他的"修德以待时"的修身治国理念是分不开的。

《左传》记载，桓公二年（公元前 710 年），宋国的太宰华督杀了宋殇公和司马孔父嘉，立了宋庄公。为了求得各国的支持，便向各国行贿，送给鲁国的是宋灭郜国时得到的重器——郜大鼎。此鼎乃是华督乱国的贿器，鲁桓公却将它放置在鲁国太庙中，这是不合于礼法的。因此，大夫臧哀伯极力劝阻，说："作为国君，应该宣扬美德。杜绝邪恶的行为，以此为准则作为百官的示范，这样还怕有所遗漏，所以要宣扬美德，用以教育子孙后代。如今抛弃德行而树立邪恶，把人家贿赂的器物放在太庙里，公然将它显示在各级官员前，各级官员如果跟着学坏样，您又怎么去责备他们呢？一个国家的衰败，是由于官员的行为不正。官员美德的丧失，是由于受宠而贿赂公然进行。把郜鼎放在太庙里，还有比这更明显的受贿吗？"邪是对德的背弃，君臣失德，只能导致国家败坏。这些论说表明，春秋时期人们将君臣失德与败国看成一种必然的联系。

《左传·襄公三十一年》记载，周王朝历法的正月，叔孙豹从澶渊会见回来，见了孟孝伯，对他说："赵孟将要死了。他的话毫无远虑，不像百姓的主人。而且年纪不到五十，就絮絮叨叨好像八九十岁的人，他不能活得很长久了。如果赵孟死了，掌握政权的恐怕是韩起吧！您为何不对季孙去说这件事，可以及早建立友好关系，他是个君子。晋国的国君将要失去政权了，如果不去建立友好，让韩子早点为鲁国做些准备工作，不久以后政权落在大夫手里，韩子又懦弱，大夫大多贪婪，要求和欲望没有个止境，齐国、楚国却不足以依靠，鲁国将陷入可怕的困境！"孟孝伯说："人的一辈子能活多久，谁能说没有点得过且过的思想？早晨活着还怕到不了晚上，哪里用得着去建立友好？"叔孙豹便预测说："孟孝伯将要死了。我告诉他赵孟的得过且过，但他比赵孟还不如。"

人的语言不是无意义的外壳，而是一定意义的表征，所以，可以通过人的语言来知晓事物及其发展方向。这里的赵孟与孝伯是两个典型。赵孟的生理、心理都表现出衰老的迹象，语言懒散反复，孝伯则一副及时行乐、唯恐不及的样子，都不符合其身份。叔孙豹将赵孟和孝伯的话语同他们的德行联系起来，并进而把这种德行与一定的吉凶后果相联系。在他看来，必须先有德，然后才可能获吉得福，有德是得吉福的基础与前提。

鲁僖公二十年（公元前 640 年），宋襄公欲合诸侯，臧文仲评论说："推己之所欲以从人，使人同得所欲是可以的，但强迫他人以逞一己之欲是很难成功的。"臧文仲的这一说法很有代表性。后来，郑国的子产说："求逞于人，不可；与人同欲，尽济。"二人的话如出一辙。因此，执政者修德，一定要克服一己之私欲。《左传》记载，鲁襄公五年（公元前 558 年），季文子去世。根据大夫大殓的礼仪，鲁襄公亲自莅临看视。家宰收集家中器具作为葬具，鲁襄公发现他家非常节俭，竟然没有穿丝绸的小妾，没有以粮食喂养的马，没有收藏的铜器玉器，更没有重复的用具。于是，君子评价说："相三君矣，而无私积，可不谓忠乎？"

孟献子也认为治理国家不能以捞取财富为利益，应该以倡导仁义为利益。他说："拥有四匹马拉车的大夫，就不应该再去计较那些养鸡养猪之类的琐事；能够享用凿冰丧祭的卿大夫，就不应该收养只会聚敛民财的家臣，与其有这种聚敛民财的家臣，还不如有那种盗窃府库财物的臣子。"他担任执政时，"食不兼味，坐不重席，居不粟马，出不从车"。不仅如此，孟献子对后代也是教导他们以俭朴为荣。当时他的儿子仲孙它年少爱奢华，劝说季文子应该华奢以使国家荣显。孟献子知道后，就关了儿子七天禁闭，使他改奢从俭。

据《左传》，鲁宣公十四年（公元前595年）冬季，公孙归父（姬姓，东门氏，名归父，字子家，亦称东门子家，鲁庄公之孙，公子遂之子，春秋时期鲁国上卿。公元前600年，其父寿终正寝，公孙归父代父为卿，参与国政）在毂地会见齐襄公，见到晏桓子，跟他谈到鲁国，很高兴。晏桓子告诉高宣子说："归父恐怕会逃亡吧！他留恋鲁国。留恋必然贪婪，贪婪必然算计别人。他算计别人，别人也算计他。一个国家里的人算计他，怎么会不逃亡？"事实果真如他所言，公元前591年，公孙归父奉命出访晋国，期望以晋国之力对付三桓。不想在公孙归父回国途中，鲁宣公一命呜呼，季文子乘机发动政变，驱除东门氏。公孙归父无家可归，投奔齐国，退出鲁国政坛。

而叔孙婼则和公孙归父截然不同。叔孙婼即叔孙昭子，是叔孙豹（穆叔）的庶子。叔孙豹晚年由于听信小臣竖牛的谗言，导致身死家乱，竖牛陷害了叔孙豹的两个嫡子孟丙和仲壬，立庶子婼为叔孙氏继承人。叔孙婼一即位就显示了他超出常人的见识。他召集家族中人朝见，当众宣读了竖牛杀嫡立庶、紊乱大节的罪过，然后命令赶快处死竖牛。竖牛惊慌失措，连忙逃往齐国，最后被留在齐国的孟丙、仲壬的儿子们杀死，叔孙氏的祸乱最终结束。孔子就曾赞扬叔孙婼以大局为重，不奖私劳，不因为竖牛立了自己就不惩罚他，这种品质是难能可贵的。

"信"作为道德观念，是与"义"不可分割地联系在一起的，要以"义"的制约为前提。臧武仲说："在上位者洒濯其心，壹以待人，轨度其信，可明征也，而后可以治人。……信由己壹，而后功可念也。"(《左传·襄公二十一年》) 壹是固执不变，始终如一。壹才可以称之为信，是对信执一不二特点的最好说明。而无论是人君，还是人臣，都必须有信的德行，才能治人、立功。

在当时人的眼里，柳下惠是诚实守信的代表。《新序》与《吕氏春秋》都记载了一个柳下惠的小故事：齐国攻打鲁国，要求得到鲁国的国宝岑鼎，鲁君舍不得，就送给齐君别的鼎。齐君不相信，退还给鲁国，派使者对鲁君说："柳下惠如果认为这是真的岑鼎，我们就相信。"鲁君请求柳下惠代为证明，柳下惠回答说："您送给齐国岑鼎是想保全您的国家，而臣下我也有国在我心里，那就是信用，怎么能破臣的国而免您的国呢？这是臣下我很难做到的。"鲁君听了醒悟过来，就派人给齐君送上真的岑鼎。

鲁桓公十二年（公元前 700 年），鲁桓公和郑厉公在武父结盟，盟后就率领军队进攻宋国。而这场战争之所以会发生，就是因为宋国不讲信用，与鲁国三次盟会，三次弃约。君子说："如果一再不讲信用，结盟也没有好处。《诗经》说：'君子多次结盟，反而使动乱滋长。'就是由于没有信用。"

2. 人无礼，无以立

礼是春秋时期社会通行的规范，也是人们一切行为的准则，可以说是规定当时社会生活方方面面的法则。德的概念同样受到礼的制约与决定，凡被称为合于德的言行，一定是合于礼的。

就礼对个人的作用与价值而言，鲁文化普遍认为，礼是人安身立命的根基。不少人都对此有所论说，如大夫孟僖子就说："礼，人之干也。无礼，无以立。"（《左传·昭公七年》）孟僖子不满意自己对礼仪不熟悉，就专心学习礼仪，如果得知有精通礼仪的人，就一定会前去拜访学习。临终之前，他召集手下的大夫，说："礼仪，是做人的根本。没有礼仪，不能自立。"孟僖子把礼视为人生存的根本，并让自己的两个儿子孟懿子、南宫敬叔都要将孔子作为老师，向其虚心学礼。

按照礼制的要求，不同的人在方方面面都有与其身份相应的规定，是据以预占其吉凶的原则。鲁桓公十八年（公元前694 年），鲁桓公准备携文姜到齐国会见齐襄公。由于这种行为不符合当时的礼制，大夫申繻劝谏说："女子有自己的丈夫，男子有自己的妻子，不能够不互相尊重，这就叫作有礼。违反了这一点，一定会坏事。"但是鲁桓公不听，还是与文姜一起去了泺（今山东济南北）与齐襄公相会，然后又一起去了齐国。齐襄公乘机与文姜私通，被鲁桓公发觉后，齐襄公以宴饮为名，在桓公酒醉之后，让大力士公子彭生将其肋骨折断，杀死在车中。

　　叔孙婼也持有同样的见解。据《左传·昭公二十一年》记载，蔡太子没有站在他的丧主位置，而是站在卑下的位置，叔孙婼便说："蔡国恐怕要灭亡了吧！如果不灭亡，这个国君也一定做不长。蔡侯刚刚即位就懈怠，他自己将要跟着失去位子。"同年秋天，发生了日食，大夫叔辄为此痛哭流涕，叔孙婼说："叔辄快死了，哭不该哭的事情。"昭公二十五年（公元前517年）春季，叔孙婼到宋国聘问。桐门右师接见他，谈话之间，他发现右师看不起宋国的大夫，并且轻视司城氏。叔孙婼于是告诉手下人说："右师恐怕要逃亡了吧！君子尊重他自己，然后能及于别人，因此有礼。现在这个人对他们的大夫和宗族都不加尊重，这是轻视他自己，能够有礼吗？无礼必定逃亡。"叔孙婼的"无礼必亡"，可以十分清楚地看出礼在政治中的地位与作用，因此，凡合礼则吉，不合礼则凶，几乎是春秋时期预占的一条法则。

　　鲁文公十五年（公元前612年），弑君自立的齐懿公侵袭鲁国西部边境，并攻打曹国，讨伐曹文公来鲁国朝见的事。季文子对齐懿公的举动不以为然，认为不会造成危害，说："齐懿公恐怕不能免于祸难吧！《诗经》上说：'为何互相不畏惧，甚至不知畏上天？'君子不虐待幼小的与卑贱的人，就是因为畏惧上天。《诗经·周颂》说：'畏惧上天的威力，所以能把福禄保全。'齐懿公不畏惧上天，能保得住什么？通过弑君取得君位，就算按照礼仪来保持它，还怕没有好结果，况且又多做

不合礼仪的事，是不能得到善终的。"果然，三年后，齐人因
懿公多行不义而杀掉了他。

判定行礼的行为举止是否有礼的精神实质，春秋时期是以
行礼的敬与不敬来分判的。只有行礼的行为举止中有敬的真诚
态度，才是合于礼的精神实质的。因此，落实到德上，人们也
以"敬"来判定是不是德的标准。鲁成公十三年（公元前 568 年）
春天，晋厉公派郤锜来鲁国借兵，但郤锜态度欠恭，孟献子就
预测说，郤氏恐怕要灭亡了吧！因为在他看来，"礼，身之干
也；敬，身之基也。"（《左传·成公十三年》）礼，是身体的主
干；敬，是身体的基础。郤锜不敬，失去身体的基础了，而且
他的父亲是先君的卿，他又是当今晋君的卿，受国君之命却又
置君命于不顾，怎么能不灭亡呢？果然不出所料，四年后，郤
氏一族被晋厉公所灭。

因此，受礼制约的德就不单是合于仪的外在要求，更是对
礼所要求的内在精神实质的真诚恪服。《左传》记载，鲁成公
四年（公元前 577 年）夏，晋景公会见鲁成公时，态度不敬。
季文子便说："晋景公一定不免于祸难。《诗》说：'谨慎又谨慎，
上天光明普照，得到天命不容易啊！'晋景公的命运决定于诸
侯，可以不恭敬吗？"由此来看，春秋时期人们在用道德的预
占中，最为强调的是"敬"的品德，而这种在道德观念上特别
强调敬的现象，实是对春秋时期盛行不敬之风的矫正。

有所作为的君主，通常都是修德守礼的典范。鲁隐公是
鲁国的第十三代国君，鲁惠公的庶长子，因惠公死时太子姬

允太小，便由其代为"摄政"。鲁隐公摄政初期，觉得自己并非正式的国君，便时时以周公为榜样。他每天早晨和傍晚都要到鲁国太庙去，跪倒在周公塑像前，汇报自己的所作所为，请求得到周公的教诲。

不仅如此，鲁隐公还始终恪守摄位之礼。鲁惠公去世时，因为正值鲁、宋两国交兵，太子又年幼，葬礼不甚完备，后来改葬惠公时，鲁隐公不以丧主的身份到场哭临。鲁隐公三年（公元前 720 年）的夏天，鲁隐公的亲生母亲声子去世了。他虽然已经摄政，但仍以庶母之礼进行安葬，葬礼非常简单、低调，没有发讣告给诸侯前来会葬。葬礼结束后，他既没回祖庙哭祭，也没把其母神主牌位置于先祖牌位旁边，所以《春秋》不称"薨"，也不记载下葬情况。而对弟弟鲁桓公的生母仲子的去世，鲁隐公却是严格按照国君夫人的礼节进行安葬，而且还特意为她建成了祭庙，在祭庙献演万舞时，还特意询问大夫众仲执羽舞人的人数，以便合于礼法。另外，鲁大夫众仲死时，鲁隐公也没有参与小敛，而大夫死国君亲视小敛是当时的礼节。鲁隐公的所作所为都是为了表明自己不敢以国君自居，仅仅是替弟弟摄位。因此，鲁隐公执政之后，凡事谨小慎微，不仅不以国君的身份出现，凡是应该由国君出面的活动，他都一概不参加，而且想方设法协调周边关系，维护周王室尊严，由此在周天子和各个诸侯国中赢得了"贤者"之誉。

三、儒家文化中的政德思想

在礼崩乐坏的春秋战国时代，孔子把从根本上化解时代性难题的希望寄托在个体自身的道德自觉与道德修为之上，期望人人"克己复礼""为仁由己"，进而"立人""达人"。这既开拓了个体内在的人格境界，也为天人相通提供了人为的主动性与可能性，更凸显出孔子为消除争端、融合群己、安定社会所作的努力。因此，"仁"不仅被孔子用来沟通天人之道，更是他为乱世构建出的内圣外王之道。孔子以"仁"为本的德治，奠定了儒家政治思想的基础。

在《论语·季氏》篇中，孔子曾说："天下有道，则礼乐征伐自天子出；天下无道，则礼乐征伐自诸侯出。自诸侯出，盖十世希不失矣；自大夫出，五世希不失矣；陪臣执国命，三世希不失矣。天下有道，则政不在大夫。天下有道，则庶人不议。"孔子的这个说法历来为人们所称道，其间的道理就在于它抓住了自西周至春秋政治形势发展的基本特征。在西周前期人们的心目中，周天子受命于天，王权神授，为天下的共主，是全国的中心。周代通过分封制和宗法制，构筑起宗法层面的"天子—诸侯—卿大夫—士—庶人"等级和行政层面的"周王—公、侯—大夫—士—皂役"等级，彼此结合紧密。当时，"礼乐征伐自天子出"，周天子具有无上的政治权威。不过，分封制和宗法制本身的发展，从西周后期开始逐渐走上了与其设计者愿望相反的道路。进入春秋时期，王权、霸权与卿权的交替演变，形成了社会政治发展的主要线索。概括来说，从"礼乐征伐自天子出"的西周时代到"礼乐征伐自诸侯出"的春秋时代，再到"陪臣执国命"的春秋晚期，反映出来的是权力中心的不断下移。而"权力中心下移到某个层次，可能正是那个层次无道的体现"。[①]

这种失礼主要是由于社会结构的重组，同时也因为统治者本身道德的沦丧。如《左传·桓公五年》记载：郑庄公原是周王朝的卿士，与虢公共同夹辅国政，既有功劳，又有势力。但

---

① 陈少明：《君子与政治》，《中山大学学报》2005 年第 4 期。

周桓王不喜欢他，夺其卿士之职。庄公气愤，因此不朝。桓王率诸侯之师伐郑，结果却是大败，肩上还中了一箭。其政治权威的损伤当然比箭伤更加严重。从那以后，风气日下，不仅诸侯敢于随意冒犯龙威，连一些大夫也敢与周王一争高低，大有墙倒众人推的味道。

应该说，失礼总是与失德相伴而生，失礼必失德，失德亦必失礼。所谓失德，就是统治阶层破坏人类基本价值（善）的行为，表现出来就是父子相残、聚财敛货、重刑轻礼、发动不义战争、盘剥残害百姓等种种暴行暴政。拿周厉王来说，他秉性暴虐专制，任用荣夷公为卿士，实行专制政策，弄得民怨沸腾，谤语大起。后来厉王得到一个"卫巫"，就命他"监谤"，凡有诽谤王的人，就加以刑杀，逼得国人不敢出言，在道路上只能以目示意。三年之后，国人作乱，厉王出逃到彘地，于是造成所谓"共和行政"的局面[1]。"共和行政"虽然说法不一，但无论是周、召二公还是共伯和，厉王失位后由诸侯代行王政，却是一个不争的事实。这种失德、失礼的行为，自然是一种社会失序、天下无道的表现。因此，孔子所谓的"天下无道"，既体现为统治阶层对纲常秩序的破坏，也体现为统治阶层对人类基本价值的践踏。

因此，孔子极力主张重建礼治秩序。他认为礼的作用是无

---

① 童书业：《春秋史》，《童书业著作集》第1卷，中华书局2008年版，第20页。

与伦比的：上层人士"好礼"，以身作则，为民垂范，就会政行令从；下层民众"约之以礼"，就不会犯上作乱。所以，孔子对礼的倡导不遗余力。他曾教导儿子孔鲤"不学礼，无以立"，要求弟子颜渊"非礼勿视，非礼勿听，非礼勿言，非礼勿动"（《论语·颜渊》），呼吁统治者对百姓"道之以德，齐之以礼"（《论语·为政》）。孔子还提出"复礼"的主张，"复礼"必须"正名"，即不同等级的人们，都要严格遵照"礼"所规定的等级名分和相应的行为规范行事，做到贵贱有等、上下有序、各安其位。为此，孔子到处推行自己"礼"的政治主张，却事与愿违，处处碰壁。

于是，孔子开始讨论"仁"与"礼"之间的关系。西周春秋时期，作为众德之一的"仁"已经颇受重视，而且其主要内涵——"爱"也已经在春秋时期渐渐形成①。孔子在此基础之上，经过创造性的诠释，将"仁"发展成为人道的主要内涵，亦是对天命的印证。但孔子对"仁"的拔擢，绝不仅仅意味着道德主体的挺立与内在生命的绽放。在礼崩乐坏的时代，孔子把从根本上化解时代性难题的希望寄托在每一个体自身的道德自觉与道德修为之上，期望人人"克己复礼""为仁由己"，进而"立人""达人"。这既开拓了个体内在的人格境界，也为天人相通提供了人为的主动性与可能性，更透显出他为消除争端、融合群己、安定社会所作的努力。所以，"仁"不仅仅被孔子用来

---

① 陈来：《古代思想文化的世界》，北京大学出版社 2017 年版，第 354 页。

沟通天人之道，更是他为乱世构建出的内圣外王之道。

孔子以"仁"为本的德治奠定了儒家政治思想的基础，但是孔子的德治思想还不够系统和完善。孟子则继承了孔子的政治思想，以儒家仁爱之德为核心，以民本思想为基础，以"制民之产"为途径，逐渐形成了系统的儒家"仁政"思想体系。

（一）为政以德

以天人关系来讲，西周之际的"天"仍然具有意志、拥有权力，虽然转向重视以"敬""德"为核心的人文精神实践，但只偏重在政治上。所以这一时期的天人关系中，天子依旧是人间唯一承受天命、能够与上天交通者。待到平王东迁，虽然周天子作为天下共主的地位大幅衰退，各地诸侯也相继崛起，与天子争权、僭越礼制的行为更是司空见惯，但天命是否已经开始转移，仍是当时诸侯们争权的借口。如《左传·宣公三年》中记载有楚王问鼎之事，王孙满虽然承认天命有转移的可能，但认为周的天命尚未改变，天命仍归于有德者，由此巧妙地阻止了楚王的野心。

孔子接受了这种颇具宗教性格的主宰之天，但他消解了其强烈的宗教意味、浓厚的政治性格，建立起道德性质的义理之天。政治上的天命从此成为道德性的天命，每个个体经由自己的精进修为，就可上达天道，由此开创出能肩负成仁在己的人文精神。

1. 天生德于予

从《论语》的记载中可以发现，孔子对于"天""天道"之事，是有着自己的理解和诠释的。孔子所认知的"天道"，首先是经验的，也就是《孔子家语·大婚解》中所说的"日月东西相从"，但是孔子并没有仅仅停留于经验层面，而是从经验中抽绎出"不已"这一常识性的理解。在此基础之上，孔子又指出"天道"的作用是"无为而物成""已成而明"，这自然是更高层次上的一种理解。天道是物之所以"成"而"明"的所以然，那么人也只能是遵循天道而行，这就是"成身"在于"不过乎物"的意思所指。但是孔子对于天道的重视并没有到此结束，而是进一步将"天道"诠释为人道的凭依，人道基本上在于"不过乎物"，即人道重合于天道；这种对"人道"的诠释理解，同时也指出了"天道"的规范，这就是"仁人不过乎物，孝子不过乎物。是故仁人之事亲也如事天，事天也如事亲。"这是孔子将天道观与人道观赋予了新的诠释，将人道之德与天道之自然相结合，认为观天道可知人道，人道虽本于天道，但人道之德行作为即呼应天道。这也是出土文献《要》篇中所说："君子德行焉求福，故祭祀而寡也；仁义焉求吉，故卜筮而希也。祝巫卜筮其后乎?"人道之德行、价值作为天道的呼应，基本上是强化人道之德行的重要与优先性，并非否定祭祀、卜筮的存在，这与孔子"敬鬼神而远之"的思想完全一致。

孔子把"学"作为沟通天人的唯一方法。如《论语·宪问》记载："子曰：'不怨天，不尤人，下学而上达。知我者其天乎！'"孔子非常好学，十有五就志于学，认为自己"非生而知之者"，所以"好古，敏以求之"，甚至达到了"发愤忘食，乐以忘忧，不知老之将至"（《论语·述而》）的境界。然而，孔子所谓的"学"，不单指知识的学习。杜维明就指出："对孔子来说，'学'不只是取得经验的知识，也不只是一种在社会中使适当的行为方式内向化的方法，而是他作为一个自觉的人所做的事。所谓学就是意味着不断深化着如何成人的个人知识，通过这样的学，他把自己的生命转化成为一个有意义的存在物。"①所以，孔子更重视学习对于道德修养的提升，如《论语·学而》记载，孔子曾说："君子在饮食方面不求饱足，在居住方面不求舒适，做事时勤劳敏捷，言语上小心谨慎，接近贤能之人来匡正和提高自己，这样的人可以说是好学的人了。"孔子将亲近"有道者"来端正自己的言行作为"学"的内容。《论语·雍也》篇中也记载孔子以"不迁怒，不贰过"来称赞颜回的好学。因此，孔子的"下学"，也可以说是对于"仁"的不断实践与体认。

孔子毕生好学不倦，但是一直到了五十岁时才体悟到天命、天道之理，说明想要"知天命""知天道"确实不易。"朝闻道，夕死可矣。"（《论语·里仁》）这句话一方面感叹"闻道"

---

① ［美］杜维明：《人性与自我修养》，胡军、于民雄译，中国和平出版社1988 年版，第 42 页。

① ［美］杜维明：《人性与自我修养》，胡军、于民雄译，中国和平出版社1988 年版，第 42 页。

的不易，同时也强调"闻道"的可贵。为什么说"闻道"可贵？朱熹《论语集注》中说，我们如果只是被动地依照社会道德规范而行，而不知其究竟意义、不明人伦道德所以然的道理，那么就不免感到茫然疑惑，不能理得而心安。如果能够体悟到"事物当然之理"、人伦道德所以然的根据，那么道德实践就有本有源，生命就会由于寻得这源泉活水而展现出无限生机。

就孔子的思想来说，此"事物当然之理"及"人伦道德之所以然"之理乃是统括于宇宙秩序，即儒家所谓"天命""天道"之中的。孔子曾说："天何言哉？四时行焉，百物生焉，天何言哉？"（《论语·阳货》）"四时行焉，百物生焉"，说明天道的流行具有一定的宇宙秩序。孔子又讲："天生德于予"（《论语·述而》），"不知命，无以为君子也"（《论语·尧曰》）。意思是说，上天将至善的德性赋予了我，不知天命，就无法依天命而行成就君子之德。可见，天命、天道也是道德秩序。人为万物之一，所以人所应遵循的道德秩序也统括于宇宙秩序之中。从另一个角度来说，天道之所以成为人伦道德所以然的根据，就在于它所涵具的超越性、普遍性与创造性。因着天道的这些特性、精神与意义，我们依循着与天道相贯通的本然善性而行的道德实践，就有了明确的方向与信念，并且能生生不息、源源不绝。而至善的道德本源由上天所给，我们只要透过不断的德行精进，就能臻至天人合德的境界。

应该说，"孔子以修德作为沟通天人的方法，既拉近了天与人的距离，也提高了人的主宰性。只要透过个人的努力，就可以体察天意，自然衍生出实践道德的使命感。至此天人之间的沟通就不再局限于形式（祭祀或占卜）或特定身份（天子或诸侯），人人皆可以上达于天。"① 所以，孔子赋予天的概念已与前人大为不同。《论语·季氏》记载："子曰：'君子有三畏：畏天命，畏大人，畏圣人之言。'"天命之所以可畏，根源于个体对自我道德的严格要求。因此，我们可以说：孔子言天命、天道，实为人道立论，以提升道德人格为目标。

孟子继承这一思想，提出"存心""养性"以"事天"："尽其心者，知其性也。知其性，则知天矣。存其心，养其性，所以事天也。"（《孟子·尽心上》）这里的"天"为德化之天或者说是道德之天，所谓知天，某种程度上讲就是要了解仁、义、礼、智等德性品质来自天，认识"天"是万物运行的法则与人类生活价值的依据。不过，仁、义、礼、智等道德情操虽然与口之于味、目之于色等感官需要生理欲求一样，都由上天赐予，是人与生俱来的本性，但它的实现并不完全取决于命，而是在于人后天"求则得之，舍则失之"（《孟子·尽心上》）的主观道德选择，其主宰性在人自身。所以，孟子将其称之为性而不谓之命，突出了人的道德主体性。因此，所谓尽心、知性、知天、存心、养性、事天，不但要知道仁、义、礼、智等德性品质来自天，而且还要将其上达天道，提升至宇宙的普遍本质。这样一来，仁、义、礼、智等人道便与天道统一起来。

---

① 朱心怡：《孔子"人道"思想的建立》，《汉学研究集刊》2007年第5期。

《中庸》中说："诚者，天之道也；诚之者，人之道也。""诚"是天道的根源，同时也是人道的根本。如此，人生存在的最高价值与自然化成的宇宙便有了共通之处，都属于先验的纯粹至善。天地的变化、宇宙的生成等，无不是"诚"的贯通流行，人生的存在便当以复归"诚"的纯粹至善为己任。

2.君子修德以致位

以周公为代表的周初政治家，一再训诫周王室子弟，务必要把修德保民作为根本，以此守住自己的统治地位。知命有德，既是对周王室成员的普遍要求，也旁及诸侯、卿、士、大夫等所有有爵禄者。这些处于上位的贵族男子，通常被称为"君子"。

春秋时期，周天子与诸侯间因血缘而生的自然之情日渐消失，爵禄之位成为诸侯失德而争利的主要诱因。在这样的时代背景下，孔子对周代以来的礼乐文明产生了怀疑：礼呀礼呀，仅仅是指玉帛之类的礼器吗？乐呀乐呀，仅仅是指钟鼓之类的乐器吗？他希望以"摄礼归仁"的主张，重新找回宗法礼制下血缘远近关系之"位"所深藏的周初敬天之德。因此，在《论语》中，孔子淡化了君子概念中"位"的爵禄之意，转而寻求精神修养的内涵——"德"。

"君子"一词不见于甲骨文，在《易·卦爻辞》《诗经》中开始大量出现，并且逐渐产生不同的意涵。"君子"在《易·卜辞》中尚未发现，但《易·卦爻辞》中出现了20例，而且多次出现君子与小人对举的情形。在这些例句中，有 6 例"君子""小人"对举，显然是以社会地位的高下来区分身份，其中"君子"为处于上位的贵族男子，"小人"为处于被役使地位的平民。不过，在这些主要指称上位者的语境中，君子之"德"也开始受到重视。例如《易·乾卦·九三》："君子终日乾乾，夕惕若，厉无咎。"意为君子整日强健振作，自强不息，努力不已，到了夜晚仍是时时警惕、自我反省。九三爻位于内卦的最高位，属阳，象征君子以纯阳至健至刚的乾德自期，思虑忧患而警觉预防。又如《易·谦卦·初六》："谦谦君子，用涉大川，吉"，意指谦逊君子跋山涉水，一路畅通无阻，吉。这些都是对君子行为、道德的肯定。或许，在西周的贵族统治者看来，"尊贵"与"有地位"的君子同时也应该是"道德高尚"的人。因此，在较早出现"君子"一词的典籍中，同时对君子提出了若干道德品行方面的要求。

到了《诗经》中，"君子"含义得到进一步发展，大抵有三种含义：一是指人君或在位者，如《小雅·桑扈》："君子乐胥，万邦之屏障"，意为大人君子是保卫家国的依靠；二是指有德之在位者，如《国风·淇奥》："有匪君子，如切如磋，如琢如磨"，即高雅先生是君子，学问切磋更精湛，品德琢磨更良善；三是由有位者引申出的其他称呼，如《小雅·出车》："未见君子，忧心忡忡"，诗中君子是女子对丈夫或情人的尊称。《小雅·瓠叶》："君子有酒，酌言尝之"，君子当是宾客对主人的敬称。这些应是"君子"词义的又一次引申，引申的出发点还是"尊贵"与"官位"。所以，学者们一般认为《诗经》的君子仍以"有位者"为主，尚未有纯粹"有德者"的情形。不过，指称贵族统治者的一类中，出现了要求君子应有德行的内容。如《国风·伐檀》是伐木者之歌，伐木者在劳作时想到剥削者不劳而获，愤怒之下进行责问，是对剥削者道德缺乏的讽刺。这表明，此时君子的主要含义只是"在位的统治者"，原本含有的"尊贵""尊崇"之意已经开始淡化。由此可见，君子已经由单纯的贵族身份，慢慢演变为有位之官员，并且加入了德的内涵，表现出当时人们期许统治阶层不只是有位者，还要具备较高的道德水平，成为德位兼备之人。

"君子"逐渐从身份地位的概念到获得道德品质的内涵，是一个长期演变的过程。这一过程虽在孔子之前早已开始，但却完成于孔子。在《论语》中，"君子"概念共出现107次，其中与"小人"对举者19次，如《颜渊》："君子成人之美，不成人之恶。小人反是。"就其用法来看，大致可以分为三类：一是专指有位者，如《阳货》："君子学道则爱人，小人学道则易使也。"意指做官的学习了，就会有仁爱之心，老百姓学习了，就容易听指挥；二是专指有德者，如《学而》："人不知而不愠，不亦君子乎?"意为人家不了解我，我却不怨恨，这也是君子；三是指兼有德有位者，如《公冶长》："子谓子产有君子之道四焉：其行己也恭，其事上也敬，其养民也惠，其使民也义。"意思是说，子产有四种行为合于君子之道：容颜态度庄严恭敬，对待君上负责认真，教养人民有恩惠，役使人民合于道理。从《论语》中的这些用法分类来看，很明显，"有位与否"已经不再是判断君子的标准，"有德"才是成为君子的必要条件，亦是"君子"概念的关键内涵。

正如萧公权所说的那样：君子的旧义倾向于就位以修德，而孔子本人却重视修德以致位①。孔子对"君子"一词的创造性诠释，打破了宗法制度下贵族与平民的阶级隔阂。"有德"成为君子的必要条件后，君子不再是遥不可及的上位者，而是可亲又可敬的典范。"君子"概念所强调的德行内涵，意味着人的价值不再由先天的身份地位来决定，而是以后天的道德修养重新界定。以能力和道德来对抗出身，这种价值上的自觉对于士人阶层的崛起，意义尤为突出。

孔子论政，大都以天下为对象，而天下即象征着大一统。《礼记·礼运》云："大道之行也，天下为公。"《礼记·坊记》亦说："子云：'天无二日，土无二王……'"孔子作《春秋》，下笔就是"隐公元年春王正月"。《公羊传·隐公元年》曰："何言乎王正月？大一统也。"这都可以看出孔子对未来政治的理想。这种大一统的局面，必得有权力的王或君方能统率维系。所以，《礼记·坊记》中说："家无二主，尊无二上，示民有君臣之别也。"孔子主张尊君。不过，孔子理想中的王或君，不仅仅位尊权重，并且还要无私，如《礼记·孔子闲居》

---

① 萧公权：《中国政治思想史》，辽宁教育出版社1998年版，第66页。

中，子夏问老师："夏禹、商汤、文王的德行，与天地并列而为三。请问怎样才可以称作是与天地并列而为三呢？"孔子回答说："要遵奉'三无私'的精神，以恩德招揽天下百姓。"亦要有德，"为政以德，譬如北辰居其所而众星共之"(《论语·为政》)，以道德教化来治理政事，就会像北极星那样，自己居于一定的方位，而群星都会环绕在它的周围。在《论语·雍也》篇中，孔子给予自己的弟子冉雍以极高的评价，说："雍也可使南面。"许倬云认为，"孔子的赞扬所具有的意义显示出，选择君主和大臣的标准应当是道德和才干而非贵族出身的观念，已经在社会上流传"。①

孟子、荀子生于战国之际，兼并战争接连不断，他们比孔子更为厌恶战争，渴望和平，也比孔子看到更多统一的端倪。孟子周游列国时，逢君必谈"王天下"，也相信天下必将"定于一"(《孟子·梁惠王上》)。而在如何统一天下的问题上，孟子坚决主张"王道"，反对"霸道"。孟子心中的王道，是以"内圣"为前提。内圣是儒家一贯坚持的君子修身成圣，这样具有高尚道德的君子作为统治者，是儒家德治的前提。孟子心目中的尧、舜、禹、汤、文、武、周公，均是道德高尚的圣人。这样的圣人君子治国，必定推行礼乐教化、以德服人的仁政。把仁政不断地推广开来，就是王道之路，只有王道才能完成天下

---

① 许倬云：《中国古代社会史论——春秋战国时期的社会流动》，广西师范大学出版社 2006 年版，第 169 页。

的统一。霸道则是凭借刑罚和武力，以强硬的方式治理国家，虽然这种方式可以在短时间内使人屈服，但强硬的武力与人情不符，所以必定不会长久。

荀子的一统尊王思想更为成熟。他提出"天下为一，诸侯为臣，通达之属，莫不从服"（《荀子·王霸》）。这样的天下一统离不开圣王之治，圣王拨乱反正，遍爱百姓，是天下人的表率。有了圣王作为效仿的榜样，士大夫、群臣百官、民众百姓的行为就会有参考的规范，士大夫就不会有放肆淫荡的行动，群臣百官就不会有懈怠傲慢的情形，民众就不会有邪恶怪僻的习俗，从而确立起一种自上而下的秩序。

3. 得天下以仁

孟子认为，在君主、土谷之神和人民之间，对于国家存亡而言，对于最高权力的确立而言，人民最重要。诸侯君主如果危害国家的生存，可以改立；土神和谷神如果不灵验，可以变更。只有得到民众的拥护才能当上天子、诸侯和大夫。否则，一切无从谈起。

历史的经验证明了这一道理。汤自葛伐纣，天下百姓视若救星，东面而征西夷怨，南

▌ 孟子画像

面而征北狄怨；周先祖太王被迫迁岐，前来归附之人络绎不绝，像赶集一样；文王以百里之地而扩张发展，人民仰之如父母；武王兴师伐纣，殷朝百姓恭迎叩头的声响像山崩一样，士兵阵前倒戈，他国人民用箪盛饭、用壶盛汤以迎王师。天下的兴亡证明了这样一条规律：得民心，斯得其民；得其民，斯得天下矣。失民心，斯失其民；失其民，斯失天下矣。人民的拥护是国家存亡的首要条件。

战争是政治的集中表现，军事活动是政治矛盾的充分体现。孟子认为，战争的胜负，起决定作用的不在于气候的有利与否、地形的优劣和防御工事的坚固与否，而在于"人和"。综合各家观点，"人和"指的就是民心所向，上下认同。在孟子看来，天下归顺，多助之至，兵不血刃；众叛亲离，寡助之至，不战自亡。民心所向、精诚团结，才是政治成功、军事胜利的决定因素。

因此，人民，只有人民，才是天下治平、国家兴旺的根本保证。那么，争取民众的拥护、依靠人民、赢得民心就是政治的根本，是君主帝王取得政权、治理天下的出发点，是一切治国方针、措施、政策的核心。而得到民心的关键在于他们所希望和欲求的替他们聚积起来，他们不希望和厌恶的不要强加于他们。这与孔子所说"夫仁者，己欲立而立人，己欲达而达人"（《论语·雍也》）的意思相一致。

孔子生活的时代已经是礼崩乐坏的春秋晚期，就连孔子自己都感叹说："天下无道，则礼乐征伐自诸侯出。"（《论语·季氏》）因此，对于礼乐的实践，孔子一方面反对当时诸侯对于礼乐的僭越，另一方面也在不断追问：礼乐的本质是什么？如何使礼乐与现实人生融为一体？

在《论语》中，孔子曾多次与学生讨论礼乐问题，其中《八佾》篇对于礼的本质有所揭示：

> 林放问礼之本。子曰："大哉问！礼，与其奢也，宁俭；丧，与其易也，宁戚。"

孔子赞赏林放对"礼之本"的请教，由此可以看出，孔子平时一直专心于礼的本质这一根本性问题的探究。在礼乐的形式与本质二者关系上，孔子认为：

> 人而不仁，如礼何？人而不仁，如乐何？（《论语·八佾》）
>
> 礼云礼云，玉帛云乎哉？乐云乐云，钟鼓云乎哉？（《论语·阳货》）

在孔子看来，礼乐不能徒求外在形式，即所谓玉帛与钟鼓的表现，而是强调在行礼之前人必须先怀有虔敬之心，在表演音乐之前也必须先有和气。也就是说，真正的礼不在于外在形式的仪文，而是奠基于真实的道德情感之上。孔子反省出"礼本于仁"，其目的在于重建礼乐生活秩序。孔子在教育上采取

"以礼乐为教"，教导学生"博文约礼""立于礼"①；在政治上主张"以礼治国"，要求"为国以礼"（《论语·先进》）、"齐之以礼"（《论语·为政》），都是以仁贯注于礼乐秩序的建立上。

 知识链接

儒家之礼

孔鲤的母亲去世了，孔鲤守丧。丧期过了，他还在哭。有一天孔子听到哭声，就问，谁在哭啊？有人告诉他，是伯鱼在哭母亲。孔子把儿子叫来，告诉他：丧期已经过了，你应该回归正常生活了，表达孝情不能太过啊。伯鱼听到父亲这样的话，也就不再哭了。这件事告诉我们，在孔子看来，即使对于母亲的哀悼之情也要适可而止。

子路也碰到过这样的情况，他姐姐去世了，丧期已过，子路还把丧服穿在身上。孔子告诉他："你可以把丧服脱下来，回归正常生活了。"子路说："我兄弟姐妹少，我不忍心啊。"孔子说："谁会忍心呢？人人都不忍心。但任何事都要有分寸，感情也要节制。"

接着，孔子告诉子路："先王制礼，过之者俯而就之，不至者企而及之。"（《孔子家语·曲礼子贡问》）子路听了之后，

---

① 颜渊谓孔子："博我以文，约之以礼。"（《论语·子罕》）又子曰："博学以文，约之以礼，亦可以弗畔矣夫。"（《论语·雍也》）孔子教伯鱼"不学礼，无以立"（《论语·季氏》），又云："不知礼，无以立也。"（《论语·尧曰》）《论语·泰伯》篇中，有"立于礼"一语。

就把丧服脱掉了。在孔子看来，先王的礼不是按最高标准制定的，也不是按最低标准制定的，而是按中间标准制定的。境界高的人要俯就一些，境界低的人则需努力一点。这也就是儒家一直推崇的中庸之道。

在孔子看来，"仁"的基本内涵就是"爱人"，即所谓"仁者爱人"。孔子的"爱人"虽然首先指的是对父母亲人之爱，体现了一种爱亲之情，但最终是要人经由对父母亲人的爱实现对所有人的爱，即当政者要把仁爱的情怀扩展到所有人，也就是"泛爱众"。那么，怎么样去实践这种仁者之爱呢？孔子提出的方法就是"己欲立而立人，己欲达而达人。"（《论语·雍也》）就是说，要实现仁必须能够推己及人，在想到自己的同时，也应该想到别人。执政者将这种"己所不欲，勿施于人"之心拓展于百姓，就能做到《孟子·离娄上》中所说的"所欲与之聚之，所恶勿施尔也"，即百姓想要的东西，就要想办法予以满足；百姓厌恶的东西，就不要强加给他们。

仁者爱人。但是仁者为什么能够做到爱人呢？对于这一点，孔子并没有给出答案。而孟子主张性善论，提出"仁，人心也"（《孟子·告子上》），将"仁"内化为"心"。孟子之所以坚持人性善，既不是通过科学论证得来的，也不是通过逻辑推理得出的，而是在对日常生活的观察中体悟到的。他发现，每个人都有"不忍人之心"。什么叫"不忍人之心"呢？它包含有或者说表现为"恻隐之心""羞恶之心""辞让之心""是非之心"(《孟子·公孙丑上》)。而这四心正是仁义礼智的源头。这样一来,孔子的仁爱思想就有了理论上的支撑,儒家倡导的道德伦理也就变成人本性中固有的,而不是从外部强加进来的。

既然"人皆有不忍人之心",而且儒家一直坚信,历史上的尧、舜、禹、汤、文、武、周公等先王,正是凭借着自己的"不忍人之心,斯有不忍人之政"(《孟子·公孙丑上》),那么当今的诸侯国君也一定能从自己内心的善性出发,尊重百姓的喜好,尽量满足民众本性喜好所产生的自然要求。这就是仁,或者说以仁爱之心待民,将仁爱精神贯穿于管理百姓之中。

孟子总结历史教训时说,三代之得天下在于得民,其失天下在于失民,究其根本可以这样概括:"三代之得天下也以仁,其失天下也以不仁。"(《孟子·离娄上》)只有以仁爱之心,行仁爱之政,给人民以仁爱之惠,才是得民心、进而得民、得天下的根本途径。

(二)仁政爱民

孔子主张为政者首先要正己。在《论语·宪问》中,孔子说,只有"修己以敬",才能做到"修己以安人""修己以安百姓"。"修己"即"正己","修己以敬"就是庄重严肃地修养自己的品德,完善自己的人格。"安人"就是让别人得到安宁。"安百姓"即让天下所有人都能够过上安定幸福的生活。孔子非常清楚，"修己以敬"和"修己以安人"是比较容易做到的，"修己以安百姓"则是很难做到的。不过，只要统治者肯在道德修养、端正作风上下功夫，治理国家就不是什么困难的事情。

孔子所说的统治者，不仅指有国有家者，也包括各级官吏。孔门弟子多数都要走仕途这条路，孔子教导他们，当官一定要注意自己的道德修养，一定要爱护百姓，千万不可虐待百姓。在《论语·尧曰》中，弟子子张向孔子请教说：怎么样才可以从政呢？孔子说："尊五美，屏四恶，斯可以从政矣。"孔子所说的"五美"，主要包括两个方面：一方面是利民、惠民，让百姓自愿劳动；另一方面是自己要有仁德，要安泰而不骄傲，威严但不凶猛。孔子认为，"五美"是每个官员应该具备的品质和执政原则，其核心就是不贪、不暴、不虐，爱民、惠民、利民。孔子提出的这一为政原则，后来发展成了《大学》中的"修、齐、治、平"，对于中国传统社会中的政治生活产生过重要影响。

孟子继承发扬了孔子的这一思想，大力倡导仁政。所谓"仁政"，也就是"不忍人之政"。他说，"人皆有不忍人之心"，而这正是仁义礼智的源头。历史上的尧、舜、禹、汤、文、武、周公等先王，正是凭借着自己的"不忍人之心，斯有不忍人之政"（《孟子·公孙丑上》），那么当今的执政者也一定能从自己内心的善性出发，推而广之，把仁政推行于天下。所以，孟子说，各国统治者如果能够做到"老吾老，以及人之老；幼

吾幼，以及人之幼"，那么，便能够"天下可运于掌。"（《孟子·梁惠王上》）

1. 安民富民

安民富民是儒家一贯的思想和主张。早在儒家的政教原典《尚书》中，就引用大禹的话，指出养民富民是治理国家的首要任务，《洪范》篇中所讲的"八政"之首也是"一曰食，二曰货"。孔子曾谈到治理一个国家的三个步骤：庶之、富之、教之（《论语·子路》）。先使人口多起来，然后使民富起来，富了之后通过教育使人懂礼节、知荣辱。孔子这一思想所强调的，就是人伦教化一定要有一个坚实的经济基础。孟子更是清醒地认识到："民之为道也，有恒产者有恒心，无恒产者无恒心"（《孟子·滕文公上》），所以提出了一系列非常具体的制度措施，来实现这种安民富民的理想。

（1）制民之产

古代中国是一个农耕社会，农业兴盛是富民强国的基础。因此，孔子强调为政者务必重视农业发展，为百姓的耕作提供最大的便利条件——"使民以时"（《论语·学而》），即征调百姓为国家服劳役或服兵役，一定要在农闲的时候，以免错过农时耽误百姓耕作，这样便能为民开源；对百姓的劳动成果要"节用"，即为政者自身要节约用度，爱护人民，并以此引导百姓节约用度，这样便能为民节流。在以农业为主的自然经济时代，政府的大部分开支都来源于农民，而农民的收入又是非常微薄的。国家兴办的工程和进行的战争多由农民承担，而农业生产又有很强的季节性。因此，政府节约开支和使民以时，就显得至关重要。只有开源节流，双管齐下，才可以富民。

孟子在与滕文公谈论治国之道时说，其他事情都可以先放一放，唯有老百姓的事情是不能够慢慢来的。老百姓最需要什么？能够长期占有的产业或者不动产，也就是恒产。有了恒产才会有恒心，没有恒产就没有恒心。老百姓如果没有恒心，那就会什么都敢做，甚至拿犯罪也不当回事，到那时候再用刑罚来对付他们，这就是欺骗全国的百姓。哪里会有仁义之人当政却欺骗百姓的呢？所以说，有仁义之心的君主，应该以仁政治国，国家税收应该取之于民、用之于民，还要有节制，要让人们实现财产和物资的积累。

孟子非常清楚，庶民人众是"仓廪实则知礼节，衣食足则知荣辱"（《史记·管晏列传》）。因此，为了有效管理民众，必须先解决他们的衣食问题。孟子多次谈道："养生丧死无憾，王道之始也"（《孟子·梁惠王上》）。百姓有了起码的生活保障，然后再诱导他们走向善良的道路，也就很容易听从了。如果不是这样，百姓仅仅是使自己摆脱死亡，还唯恐不够，哪里还顾得上讲求礼义呢？因此，孟子明确地将人民大众的物质生活放在首位。他认为，发政施仁首要的就是要制定以"制民之产"（《孟子·梁惠王上》）为核心的一系列农业、工业、商业等经济政策，并采取鼓励生产的方针，确保庶民百姓有足够的家产奉养父母，蓄养妻子儿女，要让他们好年景能丰衣足食，凶年饥岁也不至于饿死。

物质生活、生产条件的举措，其核心是"制民之产"，即制订制度，分给农民一定数量的土地，让其具备最基本的农业生产条件。因此，孟子向滕文公的使臣毕战介绍仁政时，明确地说："夫仁政，必自经界始。"（《孟子·滕文公上》）行仁政，一定要从划分、确定田界开始。田界划分正确了，那么分配井田，制定俸禄标准，就可轻而易举地办妥了，同时有利于充分保证人民获利并实现富裕。

"制民之产"，其标准是：八口之家，百亩之田，五亩之宅。另外，对于公共的湖泊山林也要采取保护性措施，密网不下到池塘里，鱼鳖之类的水产就吃不完；按一定的季节入山伐木，木材就会用不完。这样一来，人民大众的基本生活就有了保障。

在经济方面，法家特别突出耕战，认为农人和军人是富国强兵的必要成员，而商人和士人不重要，所以要重农抑商。而儒家是重农而不轻商，因为孟子特别突出分工观念。他认为，一个复杂的社会当中，除了农人以外，还要有工人、商人。农人解决吃饭问题，工人解决制造问题，而商人则是通有无，解决商品流通问题。这些是任何一个复杂社会不可或缺的职业，所以国家要创造条件，鼓励工商业的发展。

（2）取民有节

《礼记·檀弓下》中记载，孔子路过泰山时，遇到一位妇人在墓边哭泣，了解到妇人的丈夫、儿子等都先后被老虎吃掉后，孔子好奇地问："那你为什么不离开呢？"妇人回答道："这里没有苛酷的统治。"于是孔子对他的学生感叹道："苛政猛于虎也！"苛酷的政治比老虎还凶猛啊！因此孔子一贯主张藏富于民，反对政府横征暴敛。他说："百姓足，君孰与不足？百姓不足，君孰与足？"（《论语·颜渊》）一个国家要想维持正常的运转，必须向百姓征收赋税，但征收的赋税不可太重，更不能横征暴敛。如果政府把财富都聚敛到自己手里，广大的百姓却无法正常生活和生产，这对百姓不是好事，对政府也不是什么好事。社会生产是政府的财政之源，用杀鸡取卵的方式聚敛财富，既会引起社会动荡，又会使财源枯竭，这对于一个国家来说是非常危险的。所以，《论语·先进》篇中记载，弟子冉求帮助鲁国权贵季氏聚敛财富，孔子对此反应非常强烈，号召弟子们对他进行抨击，可见孔子对横征暴敛深恶痛绝。

对赋税征收的问题，孔子十分推崇周公制定的赋税制度，他认为为政者应该像周公那样，根据百姓的具体情况征收赋税，这样才能解决社会财富分配不均的问题，以保护人们的生产积极性，使百姓安心致力于生产。孟子也认为，治理国家，一定要轻徭薄赋。为了减轻百姓的赋税，孟子提出的建议也是颇为新颖的。他主张对于商人在市场上储存的货物不征税，如果出现了滞销，政府则按照政策规定进行征购，不征税；关卡对于来往旅客只稽查，不征税；对于不能出劳役的人家，不征收雇役费；国君赐予民众土地，并且按照收成十分之一的比例来征税，如果赐予了农民十亩的田地，那么仅其中一亩的生产所得归君主所有，如此一来，不仅可以降低赋税，也可以使民众更好地生存下去。孟子认为，一个国家如果实现这样的税收政策，天下的商人、旅客、农民和流动人口都会愿意到这里来，邻国的百姓也会心向往之。

遇到灾荒之年，减少赋税或者免征赋税更是统治者应该做的事情。纵观中国历史，历朝政权也都设有赈灾机构。但在孟子生活的战国时期，由于战争连绵不断，各个诸侯国皆无暇顾及赈济灾民之事。因此，孟子一再向统治者强调，君主有义务救助自己的臣民，倘若百姓急需帮助而国君却置之不理，最终只会导致百姓奔走异国他乡。百姓大量离开自己的国家，那么本国的军事力量也会因此而衰减。所以，在孟子看来，只有人民的基本生活得到切实保障，国家才能实现富强。

2. 德礼教民

孔子认为，实行"道之以政，齐之以刑"（《论语·为政》）的治国方略，从短时间看来很便捷、很有效，从长远看则有很大的隐患，那就是人们会越来越狡猾、越无耻，他们会想尽办法钻政策的空子，想尽办法逃避法律的打击。只有"道之以德，齐之以礼"（《论语·为政》），用道德引导百姓、用礼约束百姓，才能逐渐培养起人们的道德观念和规则意识，才会使百姓真诚地热爱国家，心悦诚服地接受统治。

因此，推行仁政，统治者不但需要通过道德修养彰显自己的仁爱之心，并以此关爱百姓，让百姓安居乐业、衣食富足，还要作出道德表率，推行伦理教化，使百姓形成道德自觉，并适当运用刑治，对不服从教化的人进行惩戒，使社会中人人都能和谐相处，进而建立天下归仁的大同社会。

（1）君正国定

儒家认识到统治者个人的品德高低、操行优劣对广大民众有着极其广泛和深刻的影响，直接关系着整个国家乃至天下的价值取向、道德水准。因此，孔子要求为政者以德正身，为百姓起到表率作用，"其身正，不令而行；其身不正，虽令不从。"（《论语·子路》）孔子认为，君主的行为对臣民有着巨大的影响，臣民是否服从统治取决于君主是否具有德行。孔子对鲁国执政者季康子说："君子之德风，小人之德草，草上之风，必偃。"（《论语·颜渊》）这里的"君子"，指的是为政者，而"小人"指的是普通百姓。孔子用"风"和"草"来分别比喻"君子之德"和"小人之德"，风吹过时，草必然会随风倾倒，也就是说，为政者的嘉言懿行必将如同"风"对"草"的影响那样影响百姓的德行，这比杀掉无道之人更有用。

《孔子家语·王言解》中也说：身居高位之人，如果能够做到尊敬长者、乐善好施、亲重贤能、崇尚道德、廉洁谦让，那么下面各级官员和普通百姓就会在其感召下，更加敬重长者、友善他人、结交益友、不为恶事、知耻有节。相反，如果身居高位者贪得无厌、违法乱纪，那么在下位者将会更加肆无忌惮、鲜廉寡耻。

孟子同样认为，君主的品德对国家有着重要影响。在他看来，君主仁慈，就没有人不仁慈；君主讲道义，就没有人不讲道义；君主行正道，就没有人不行正道，所以他提出：只有道德高尚的仁人，才应该处于统治地位。如果道德低下的不仁者处于统治地位，就会把他的罪恶传播给群众。也就是说，君王大人们的道德践履同时就是国家的统治和人民的管理。因此，君王们应该以身作则、率先垂范，使自己的一言一行都产生极大的影响力和感染力，以达到"所经之地百姓得到教化，而其精神得以留存"的神奇效果。

（2）善教得民

孟子主张在人民生活有了保证的基础上，对他们进行仁义道德和孝悌规则的教育。他说：好的政令不如好的教育那样赢得民心。好的政令，百姓畏服；好的教育，百姓喜爱。好的政令能够积聚起天下的财富，好的教育才能够得到天下的民心。所以，在人民生活有了着落之后，就要兴办中央和地方、国都与乡遂等各级各类学校，组织子弟进行道德教育。通过灌输，使百姓了解父子、兄弟、君臣、夫妇、朋友等人伦的准则、规范，并自觉遵守，养成风气。而在西周礼乐文化中占有极其重要地位的孝道，成为儒家用来使时人向道德理性回归、培育百姓德性的重要桥梁。

在儒家孝道思想中，生命是贯穿于过去、现在和未来的统一整体。因为作为生命现象，自己的身体是父母的遗体，当然，父母的身体也是祖父母的遗体。如果继续追溯上去，就意味着自己肩负着过去的一切。而自己在把生命留给下一代的时候，下一代也是"父母的遗体"。如此一来，就能把自己的生命传于后世，实现个体生命的超越。当然，这是对一般民众而言的一种较低层次的生命追求，但儒家通过孝这一观念满足了一般民众对生存意义的追问，也在一定程度上解决了中国人的终极关怀问题。

而且，儒家在总结了当时社会上对孝的认识后，将孝的观念提升，由孝及养，由养及敬，由敬到谏，为人们的孝亲提出了更高要求。《论语·里仁》载："子曰：'父母在，不远游，游必有方。'"孔子强调父母在世，孝子不能远离家乡，其目的当然是为了侍奉父母以尽孝道。不过，孔子并不仅仅满足于物质生活上的"养亲"，在他看来，如果没有发自内心的尊敬，那么赡养父母与饲养狗马又有何区别呢？在精神生活上提倡"敬亲"，是孔子对孝行提出的高层次要求。子女只有发自内心地敬爱父母，才会有笃诚的孝行。所以，当子夏问孝时，孔子认为，侍奉父母，做到容色恭敬是最重要的。不过，"养亲""敬亲"并不意味着一味盲目而无原则地顺从。当孝与义之间发生冲突时，孔子也提出了"谏亲"的主张。这种谏诤精神对于平衡父子之间的权利和义务、和谐家庭关系，有着积极的意义和作用。

这样一来，周代以前表现为祖先崇拜观念的孝亲之心，从宗教伦理上升为人生哲学，从宗教祭祀活动演变为家庭伦理规范。"随着孝的内涵的不断丰富，孝观念得到了越来越多人的认同，渐次积淀和内化为中华民族的心理情感，成为一种普遍的伦理道德和恒久的人文精神，对其后二千余年的中国社会产生了广泛而深远的影响。"①

（3）以德去刑

孔子继承周公"明德慎罚"理念，强调德治为主，刑罚为辅，以德去刑。《孔子家语·刑政》说："化之弗变，导之弗从，伤义以败俗，于是用乎刑矣。"刑是不得已而为之，在教化没有成效的情况下，为政者才可以采取刑罚手段来使民众接受教化。《论语·尧曰》也说，不教化就杀，那就是暴虐；教化在先，只有在教化行不通的情况下才能使用刑罚。《左传·昭公二十年》记载，郑国多有盗贼，统治者尽杀之，孔子赞道："善哉！……宽以济猛，猛以济宽，政是以和。"可见，孔子也是注重刑罚的。

孔子虽然不否认刑罚的作用，但坚持以德去刑。《论语·子路》说："善人为邦百年，亦可以胜残去杀矣"，有道德的人统治国家超过百年，统治者的德行对民众势必会有潜移默化的影响，这足以让国家不再依靠刑罚而获得大治。这也就是说，实行礼仪道德教化，虽然短期内很难见到成效，但是长远来看，道德教化会对民众产生潜移默化的影响，渐渐使得这个国家免除刑罚。由此可见，孔子最终坚持的还是道德教化，刑罚只是补充。《论语·颜渊》中，孔子说："听讼，吾犹人也。必也使无讼乎！"孔子在审理案件时与其他人没有什么区别，不过，其最终目的是希望达至天下"无讼"的局面，即不用诉讼的方

---

① 刘玉平：《先秦儒家的孝道及其现代意义》，《齐鲁学刊》2001 年第 4 期。

式解决争端，不动用刑罚解决问题。这其实也蕴含有孔子以道德教化替代刑罚的期望。

孟子曾说，离娄眼神好，公输班技巧高，但如果不使用圆规曲尺，也不能画出方、圆；师旷耳力聪敏，但如果不依据六律，也不能校正五音，所以"徒善不足以为政，徒法不能以自行"（《孟子·离娄上》）。单纯的善、单纯的道德不足以治理好一个国家一个社会，但单纯的法律也不足以让老百姓自觉自愿地去遵守去执行。所以，法治和德治作为国家治理手段，就应该像鸟之两翼、车之两轮，不可偏废。不过，对于刑罚，孟子强调不能滥用，而是要审慎使用。他认为对于当政者来说，当周围的大臣都主张杀掉一个人时，不要轻易听从；当国人都主张杀掉一个人时，自己也要先调查一下这个人到底该不该杀，然后再采取行动。

 知识链接 ⋯⋯⋯⋯⋯⋯⋯⋯⋯⋯⋯⋯⋯⋯⋯⋯⋯⋯⋯⋯⋯⋯

桃应之问

《孟子·尽心上》中，学生桃应问孟子："舜当天子，任命皋陶当司法官，假设舜的父亲瞽瞍杀了人，皋陶和舜应该怎么办呢？"

在孟子看来，这对皋陶并不构成难题，他只需要在职权范围内依法行事，把瞽瞍抓起来就可以了。难办的是舜。他既是天子，也是人子，如何平衡公与私两者之间的矛盾呢？孟子给舜出的主意是：让舜从天子的位置上离开，放弃执掌天下的权势，自我流放，与父亲在一起，享受天伦之乐。孟子设计这个故事，是让我们去考量，在最极端的情势下，人性最本源的东西在哪里？当然，孟子给出的答案是：人伦亲情。在他看来，如果没有这样一个东西作为基础，即使制定再多法律，也没有办法获得社会的和谐与安定。

以德去刑、德主刑辅的思想发展到荀子，出现了礼法合流的趋势。荀子认为，只有通过"礼"的道德教化，才能实现真正的王天下；如果只重法，单纯以法治国，只能达到称霸天下的目的，而这样的国家是无法长期存在下去的。所以，他主张隆礼重法，强调先德后刑，以德为先，然后辅以刑罚。荀子极为重视礼的作用，指出："人无礼则不生，事无礼则不成，国家无礼则不宁"（《荀子·修身》），又说"国无礼则不正。礼之所以正国也"（《荀子·王霸》），"隆礼贵义者其国治，简礼贱义者其国乱"（《荀子·议兵》）。礼不仅是人之为人的根本保证，而且也是一个国家立邦兴国的基础，礼兴则国家兴，礼废则国家乱。在荀子看来，人性本恶，善则出自人为，是由后天教化而来；要实现这一转化，就要依靠礼来帮助人革除恶的观念和行为，从而使人向善。荀子希望通过礼义教化对人性进行改造，挖掘向善潜能，扩充善性，形成理想道德人格。当然，礼虽然对社会生活的方方面面都有调节作用，但它更多的是依靠个人心中的自觉，缺乏强制性。因此，还必须借助法律的作用，对严重的违法行为实施应有的处罚，以此来弥补礼的不足，在礼法合治中取得更好的治理效果。

3. 尊贤使能

孔子在不同场合多次表示，为政者要任用贤才，充分利用其在政治生活中的道德影响。《论语·为政》记载："哀公问曰：何为则民服？孔子对曰：举直错诸枉，则民服；举枉错诸直，则民不服。"孔子认为，为政者只有任用正直的贤才，舍弃邪曲的小人，百姓才会心甘情愿地服从管理。樊迟问仁和智时，孔子说，"仁"就是"爱人"，"智"就是"知人"。樊迟不明其意，孔子又补充说："举直错诸枉，能使枉者直"（《论语·颜渊》）。意思是说，任用正直的贤良之才，舍弃邪曲的奸佞小人就是知人善任，就能称为"智"；知人善任便会使邪曲的人改邪归正，这就是"爱人"的一种方式，也就能称为"仁"。选出贤才之后，这些人要能以自身的仁德感化百姓，通过对百姓进行道德教化来实现个人与社会的完善，也就是做到内圣外王，从而实现天下太平，实现大同社会的理想。由此可见，选贤举能、知人善任也是施行仁政的方式之一。

春秋时期，已有贤大夫举家臣为国家臣子的事，孔子不赞成这种举动，可见其举贤主张。孔子对于不举贤的大夫，常常加以谴责，曾说臧文仲明知柳下惠是个贤人却不举荐他一起做官，这叫"窃位"！孔子说臧文仲是"窃位者"，可见责备之深。孔子认为举贤而抑不贤，则百姓服从，可见这是政治上的大关键。不过，抑不贤还不是根本的办法，更好的办法是教导不贤之人使其成为贤者。孔子对季康子说：选用善良的人，又教育能力差的人，百姓就会互相勉励，走向"贤"的方面。在这段话里，证明了孔子认为庶人中的贤才也应该被加以举拔。

因此，在孔门有关士的讨论中，德行和政事成为最主要的内容。据《论语·子路》篇记载，有一次学生子贡问孔子，怎么样算得上是一个士呢？孔子回答说："行己有耻，使于四方，不辱君命，可谓士矣。"这显然不是一般的提问，而是对于士的重新理解和定位。在孔子看来，理想的士是"行己有耻，使于四方，不辱君命"，其中"行己有耻"偏重在德行，"不辱君命"着重在政事，士应该是在这两方面都很突出的人。

孟子也对选贤任能有着深刻的认识。在他看来，大臣和君王都得是贤能之人。他还曾列举了舜、傅悦、胶鬲、管夷吾、孙叔敖、百里奚等一大批从寒微升至高位者，这些人是否真正从这些地方起家，当然有值得商榷之处。但孟子事实上可能根本不在意这一点，他不过是"以古人之规矩，开自己之生面"，借此召集各种不同出身的才能之士来充任高级政治职位，并由此取得较高社会地位。

荀子更是直截了当地提倡这种新理念，他说：比较德行来确定次序，衡量才能来授予官职，使有德与无德之人都能得到合适的位置，有才能和没才能之人都能得到相应的官职。这就是《墨子·尚同》中所说的按贤才定位的办法。他又说对有德有才之人应该给予破格提拔，对无德无才之人则应立即罢免，甚至说即便是帝王公侯士大夫的子孙，如果不合乎礼义，也应把他们归入平民；即使是平民的子孙，如果积累了文化知识，端正了行为，能合乎礼义，就可以把他们归入卿相士大夫之列。这就是废世卿的言论。他还进一步强调了这条原则：上等的人贤能就可以享受天下的俸禄，次等的人贤能就可以享受一国的俸禄，下等的人贤能就可以享受一个封地的俸禄，忠实厚道的百姓就能衣食完备。显然，贤能或才德是荀子对充任高位之人的唯一标准。

4.儒家对仁政的追求

以出仕的方式直接参政，是实现仁政的最佳方式。不过，时势造英雄，能否出仕，常常受制于多种因素。据《史记·孔子世家》记载，孔子一生从政时间很短，仅在"父母之邦"鲁国有过几年短暂的为官生涯，其后周游列国，却始终不得重用。孟子以孔子的私淑弟子自居，不但追寻着孔子的足迹周游列国，极力寻找进入仕途的机遇，而且一再表明自己治国平天下的理想抱负和高度自信。他宣称"五百年必有王者兴，其间必有名世者"，而自己恰逢王者兴起之世，于是以救世王者自居，喊出了"当今之世，舍我其谁"的豪迈之语，既有自信自负的流露，又有天下兴亡的担当。荀子同样游走于列国之间，一生到过齐、秦、燕、楚、赵等五国，三次职掌齐国稷下学宫"祭酒"，两度出任楚国兰陵令，这也在一定程度上暗合了他对仕途的渴望。应当说，孔子、孟子、荀子为谋取仕途所付出的努力，给人们留下的印象难以磨灭。

据《史记·孔子世家》记载，孔子一生从政时间很短，仅在"父母之邦"鲁国有过几年短暂的为官生涯。鲁定公九年（公元前 501 年）孔子被定公任命为中都宰。一年以后，被任命为司空（掌管工程的长官），接着又被任命为大司寇（掌管司法的长官）。自此，孔子便以大司寇的身份，辅助鲁定公治理政事。这是孔子从政生涯中最为辉煌的几年。孔子在鲁国从政几年，颇有政绩。在中都为宰期间，据《史记·孔子世家》记载，"四方则之"，即周围各地都把它作为效法的榜样。任大司寇期间，则在齐鲁夹谷之会上表现出了非凡的胆识与才干。齐鲁夹谷之会，乃两国国君会盟于夹谷。当时，由于齐强鲁弱，齐君傲慢无礼，欺侮鲁君，企图乘献奏四方之乐的时机劫持鲁君。面对这种情况，以"相礼"的身份随鲁君出席夹谷之会的孔子挺身而出，大义凛然，直斥齐君无礼。齐君自知理亏，于是有所收敛。在订立盟约时，孔子又毫不妥协，坚决抗争，迫使齐国归还了以前侵占鲁国的"郓、灌、龟阴之田"，取得了这场外交的重大胜利，从而避免了两国兵戎相见、生灵涂炭局面的出现。另外，据《荀子·儒效》说，在得知孔子就要担任鲁国司寇一职后，商人们不敢再欺骗买主、漫天要价，淫乱奢侈、胡作非为之人也都被鄙弃离开。这说明在孔子任职期间，市场秩序大为好转，社会风气也得以改善。

在内政方面，孔子的重大举措是"堕三都"。三都，指季氏的费邑、叔孙氏的郈邑和孟孙氏的成邑。当时，鲁国的实际权力操于"三桓"之手，礼乐征伐"自大夫出"；不久，"三桓"家臣势力坐大，他们以费、郈、成三都为据点，不但控制了"三桓"的家政，甚至干预国政，一时出现了"陪臣执国命"的现象。在这种情况下，孔子巧妙利用鲁君与"三桓"、"三桓"与其家臣的矛盾，提出了"堕三都"的建议，并很快得到鲁君与"三桓"的支持。据《史记·孔子世家》记载，"堕三都"的目的是强公室、弱私门，即加强鲁国国君权力，削弱"三桓"的实力。不过，也有学者认为这种认识有问题。杜正胜就提出：当时鲁国国君早已丧失直接领地，生活花费和礼仪排场只能靠"三桓"的进"贡"维持，所以孔子不至于无知到想以堕贵族之都城来振兴公室。但他之所以附和子路堕都，大概因为都城容易沦为家臣兴兵割据之丛薮，引起兵戎之争，最终导致百姓受害。所以，孔子的堕都之议，是为了纾解人民之困，以人民福祉为依归①。

孔子直接出仕时间很短，一生中多处于不仕状态。在不能直接参政的情况之下，孔子以议政的方式实现着自己在政治上的责任与担当。一方面褒贬历史，高扬尧、舜、禹、汤、文、武、周公等古代君王的政治风范，向往上古三代的政治传统，臧否子产、管仲、臧文仲、宁武子等人的所作所为，给儒者们树立了富有深厚历史感的典范，借此倡立政治理想和政治人格；另一方面批评时政，骂桓魋，批季氏，反对暴政，同情人

---

① 杜正胜：《古代世变与儒者的进退》，《长庚人文社会学报》2011 年第 1 期。

民，借此维护人类基本价值。

至于孟子，钱穆曾考订其一生重要游历：先游齐，约公元前333年，正值齐威王时期（公元前356—前320年在位），停留了大概七八年；约公元前324年至前321年之间游宋，过薛，过邹，至鲁，至滕，然后到魏国，看到魏惠王（公元前369—前319年在位），因早在三十年前，魏已迁都大梁，所以《孟子》一书称作梁惠王；不久，惠王卒，孟轲又返回齐国，这时他看到的是威王的儿子宣王（公元前319—前301年在位）。钱穆判定孟子大约生于公元前390年，那么，他首次游齐时已经是五十几岁，六旬下半阶段在薛、滕等小国间游走，见梁惠王时已是七十岁的老人，故被称作叟，待到见齐宣王时，则已七十开外[1]。

面对孟子周游列国的这份履历表，我们不禁要问，一个六七十岁的老人，终日栖栖遑遑，席不暇暖，所为者何呢？根据《孟子》一书的记载，我们看到他劝梁惠王，国君要行仁义，不要动则言利，利益在心，上下交征，只会带来战争。他要求惠王独乐不如与民偕乐，息战罢兵使人民回归生产。在他看来，只要不违农时，斧斤以时入山林，五亩之宅树之以桑，数

---

① 参见《先秦诸子系年》第九八条"孟子在齐威王时已先游齐考"，第一一○条"孟子至宋过薛过邹考"，第一一一条"孟子游滕考"，第一一五条"孟子游梁考"，第一一七条"孟子自梁返齐考"。钱穆：《先秦诸子系年》，商务印书馆2005年版，分别见第363—367、399—402、402—404、411—412、415—417页。

口之家可以无饥，五十者可以衣帛，七十者可以食肉，人民闲暇之余学习孝悌之义，天下之人自然会来归附。他对齐宣王同样苦口婆心，鼓励他为民制产，确保庶民百姓有足够的家产奉养父母，蓄养妻子儿女，要让他们好年景能丰衣足食，凶年饥岁也不至于饿死，并在齐宣王自己好色、好货以及耽于园囿游猎享乐的同时，做到与民同乐。

孟子不仅对大国有着这种期待，对待小国亦是如此。滕文公向孟子请教治国之道，孟子首次提出"民事不可缓"，认为只要人民有恒产，就必有恒心，否则"苟无恒心，放辟邪侈，无不为已"。而要想让人民获得恒产，最好的方法是推行井田制度，使得家家有私田，并以助耕公田的方式取代赋税，这样一来，人民就可以"乡田同井，出入相友，守望相助，疾病相扶持"（《孟子·滕文公上》）。

通读《孟子》一书，我们会发现，如何使人民过上好日子，如何维护社会的和谐安定，怎样促进天下的太平等关系普通民众切身利益的问题，才是孟子最为关切的。换句话说，他是把"博施于民而能济众"（《论语·雍也》）的孔门之教作为自己终身奋斗的首要目标。

（三）修身为本

余英时评价说："无论是修己还是治人，儒学都以'君子的理想'为其枢纽的观念：修己即所以成为'君子'；治人则必须先成为'君子'。从这一角度说，儒学事实上便是'君子之学'。"① 因此，儒家学者一心追求君子人格的养成。

《中庸》提出："故君子之道：本诸身"，要成为君子，要具备君子的品格，就要从自己的身心修养开始。那么，如何修身？《中庸》又提出修身的三项德行功夫：

> 子曰："好学近乎知，力行近乎仁，知耻近乎勇。知斯三者，则知所以修身；知所以修身，则知所以治人；知所以治人，则知所以治天下国家矣。"

如何获得智慧、仁爱、勇敢的君子品德？《中庸》提出好学、力行、知耻三项具体方法。《大学》则提出三纲领、八德目，作为修养德行的功夫次第，说："欲修其身者，先正其心。欲正其心者，先诚其意。"君子要修身，必须从正其心开始，欲正其心，则必须先诚其意。参考《大学》《中庸》的观点，我们从治气养心、博学慎思、践礼力行三个方面，重点考察先秦儒家的身心修养思想对君子人格的成就。

1. 治气养心

在余英时看来，"修身"就是一种精神修养，而荀子的"治

---

① ［美］余英时：《儒家"君子"的理想》，载《现代儒学的回顾与展望》，生活·读书·新知三联书店 2004 年版，第 271 页。

气、养心之术"(《荀子·修身》），可以看作是对先秦时期"修身"的相当精确的界说①。不过，先秦各家对于"气"与"心"有不同的理解，对于如何"治气养心"也意见不一。就先秦儒家而言，孔子体认到道德根源乃内在于人的生命之中。他说："我欲仁，斯仁至矣"(《论语·述而》)，"为仁由己"(《论语·颜渊》)，这说明他充分认识到"仁"不是从外部植入、引入的，而是内在自生的。那么，"仁"的落脚处和生长点在哪里呢？他说："回也，其心三月不违仁。"(《论语·雍也》)该表述显然假定"仁"内在于"心"。在余英时看来，孔子将作为价值之源的超越世界第一次从外在的"天"移入人的内心，这是中国思想史上的破天荒之举②。孟子更是直截了当地指出，道德根源于人心："仁，人心也"，"仁义礼智根于心"(《孟子·尽心上》)。所以，孟子论心，总是关联着"仁义"进行界说。《荀子·正名》中也说："心也者，道之工宰也"，道是为治的关键，而心则是道的工宰。又说："心何以知道？曰：虚壹而静。"这说明荀子很早也认识到心是德性、知识得以成立的根源。因此，《大学》中提出："欲修其身者，先正其心。"

当然，在先秦儒家学者中，孟子论"心"最为详细，被视为"儒家心学传统的开山鼻祖"③。孟子所谓的"心"是指"四

① ［美］余英时：《论天人之际》，中华书局 2014 年版，第 188、189 页。
② ［美］余英时：《论天人之际》，中华书局 2014 年版，第 206 页。
③ 彭国翔：《"尽心"与"养气"：孟子身心修炼的功夫论》，《学术月刊》2014 年第 4 期。

端"，也称为"良心""本心"，由天所赋："非由外铄我也，我
固有之也"。不过，这种天赋的良心犹如种子，极为幼小脆弱，
很容易受到外在环境的影响而被人放逐："富岁，子弟多赖；凶
岁，弟子多暴，非天之降才尔殊也，其所以陷溺其心者然也。"
（《孟子·告子上》）富岁凶岁导致子弟多赖多暴，并非其本性
有何不同，也不是欠缺足以为善的良能之才，而是由于后天环
境的影响，其心陷溺。其中的道理就如同播种大麦，土地的肥
瘠、雨露的多寡、人力的勤惰等，都可能影响相同的种子生出
不同的结果。这说明，不良的环境可以使心失去自身的作用，
不善就是由此产生的。

　　所以，如何在变动不居的环境中保住本心，守住善端，就
成为孟子思想中的一个重要问题，所谓的"养心""存心""不
动心""养气"等，都是从不同角度表达的同一主题。关于养
心，《孟子·尽心下》中提出"养心莫善于寡欲"。在孟子看来，
对于良心最大的威胁就是欲望。欲望少的人，其本心就容易存
住；而欲望多的人，其本心则容易丧失。所以养心最好的方法
即要寡欲。出于克制欲望的目的，孟子要求确立心在生命中的
主导地位。孟子认为，人应当爱惜养护身体的每一部分，但心
是最根本、最珍贵的。因此，不能以小害大、以贱害贵。"小"
和"贱"是指耳目口鼻等生理器官，而"大"与"贵"便是指
"心"。在孟子看来，如果对心无所妨害，那么身体的其他部分
也都应该养，但若有了妨害，就要舍小取大，舍贱取贵。

　　孟子注重"养心"，同时也注重"治气""养气"。先秦儒

家关于气的论述，主要偏重心性修养的层次，而以气对于人格修养的影响及其作用为核心。《论语》不大谈"气"，只在《季氏》的"君子三戒"中谈到过"血气"："少之时，血气未定，戒之在色；及其壮也，血气方刚，戒之在斗；及其老也，血气既衰，戒之在得。"这里的"血气"，显然指的是自然的生理生命力。就人格修养与气的关系这点来看，孟子的论述最受瞩目。在彭国翔看来，孟子身心修炼的功夫实践，无论"养心"还是"治气"，都是由内而外扩充固有的本心和德气，使之展现为一种内在德性自我推动之下不断外化的过程①。

孟子主张人人皆可为尧舜②，并肯定仁义礼智根于心③、人皆有先天的良知良能④；同样的，孟子也肯定人具有找回放失的良知良能或者说良心的能力。而人的良知良能或者说良心为什么会放失呢？依据孟子的论述，那是因为受到外在环境的影响。那么，人又该如何找回这放失的良知良能呢？《孟子·告子上》中给了我们答案。对此，朱熹在《孟子集注》中解释说：

---

① 彭国翔：《"尽心"与"养气"：孟子身心修炼的功夫论》，《学术月刊》2014 年第 4 期。

② 《孟子·离娄下》："尧舜与人同耳"；《孟子·告子上》："圣贤与我同类"；《孟子·滕文公上》："舜何人也，予何人也，有为者亦若是。"

③ 《孟子·告子上》："恻隐之心，人皆有之；羞恶之心，人皆有之；恭敬之心，人皆有之；是非之心，人皆有之。恻隐之心，仁也；羞恶之心，义也；恭敬之心，礼也；是非之心，智也。仁义礼智，非由外铄我也，我固有之也。"《孟子·尽心上》："君子所性，仁义礼智根于心。"

④ 《孟子·尽心上》："人之所不学而能者，其良能也；所不虑而知者，其良知也。"

万物生长的力量来自天地之间的气化流行，所以只要气化流行不断，万物也将有所成就。就《孟子》中这一章的论述来看，其论说的主旨无非是透过牛山之木"非无萌蘖之生"，来强调人的本心虽有放失，但在平旦未与物接之际（孟子称这种状态为"平旦之气""夜气"），必有良心的发现。在孟子看来，牛山之木之所以濯濯，是因为旦旦而伐之；然而，倘若给予牛山之木生息的机会（日夜之间雨露所润），一定会有恢复丰美的可能。同理，人的良心之所以放失，是因为受到物欲熏习的影响；然而，倘若给予本心以生息的机会（平旦未与物接之际），即可发现本有的良知良能。很明显，孟子这段论述的关键，应在"平旦未与物接之际所生发出的平旦之气"这点上，它是由"放失良心"到"发现良心"的转折点。

依照孟子的说法，人人皆有道德本心，伴随着体气流行而呈现，只要去除感官欲念上的干扰，就可以确实感受到这股良善之气，只要天地气化流行不断，这种良善之气也必定随之生长。然而现实生活中，感官欲望无时无刻不在干扰着这种良善之气，所以一般人无法察觉到它的存在。而在平旦未与物接之际，泯除了物与物相交引起的干扰因素，个体的心灵状态回归到平和纯一的境界，那么人的良心就会自然而然地萌生出来。良心的这种"自我萌生"的能力，就如同牛山之木一样，只要顺其日夜之所息及雨露之所润，它就会自然而然地萌蘖而出。这种人在平旦未与物接之际所自然萌生出的良心、自我生长的动力（或者说不断滋长的潜能），孟子称之为"平旦之气""夜气"。换句话说，所谓"平旦之气""夜气"，就是指良心自我生长的无限可能性。陈明恩认为，就此来讲，"平旦之气""夜气"与良知在本质上并无太大的差别，它们同样具有"先天性"与"普遍性"。之所以说"平旦之气""夜气"具有"先天性"，是因为每个人每天都必然会经历"平旦之境"；说"平旦之气""夜气"具有"普遍性"，是因为良心良知这种自我生长的无限可能性是人人都具有的，人只要处于平旦之境，它便会自然而然地萌生出来①。但是平旦之后，白昼之际，人又与物相交接，所以诸缘又起，尘念又兴，清明之气受到干扰又随之梏亡。所以，孟子教人养气，就是要养得平旦清明之气，回复到平和纯一之境。很明显，孟子的论述所侧重的不在于"气"的名义，而在于人在未与物接之际所生发出的良心良知自我生长的能力及其后续的存养功夫。

"平旦之气"虽说相当微弱，但却是良心良知发现的生机，具有无限的可能性。但它本身并不就是善，也非纯粹中性的存在，而是"一种源自天生本然，清纯而没有后天习染的心、性初态，那是成圣成德的基本动源与保证。"② 所以，人所要做的，便是在当下把握、操持住这个良心良知生发的生机，并透过存养的功夫，使之不断地滋长。

伴随着孟子养气理论而来的，是不动心，这是孟子与其弟

---

① 陈明恩：《原始生命的理性化——试谈孟子对于气的理解》，《鹅湖学志》1999 年第 23 期。

② 陈丽桂：《先秦儒道的气论与黄老之学》，《哲学与文化》2006 年第 8 期。

子公孙丑的问答往复中引申出来的重要概念，也是养气与养心所要达到的目标①。《孟子·公孙丑上》说："不动心"大致可以分为两种类型。第一指的是个人面对富贵名利等世俗社会各种诱惑时的不动心，如文中提到的孟子面对高居卿相之位时表现出的不动心。第二是指生命个体遭受外力逼迫或干扰时，个体的生理本能可以保持不动心的状态。在这一类型下，孟子又具体分析了以北宫黝、孟施舍为代表的以气制心、血气之勇型；以告子为代表的遗世独立、孤明自守型；以曾子、孟子为代表的自反而缩、以直道养其心型②。当然，这两种类型的区分，彼此之间并没有一条严格的界限，第一种强调的是道德操守的坚持，第二种则是倾向于内部生理活动的稳定，二者也可以彼此相融，都是强调一种无所畏惧的心理状态。而要做到无所畏惧，必定要超越利害得失与生死关卡，所以北宫黝、孟施舍的不动心，属于无惧、无畏强敌；告子的不动心，属于不受他人左右的意志与行动；曾子、孟子的不动心，属于以道德之勇对抗世俗的权势威吓与宠辱得失。很显然，孟子不同意北宫黝和孟施舍的方法，对于告子甚至曾子也有所保留。在张奇伟看来，"孟子所要求的'不动心'不是固执偏狭的匹夫之勇，也不是局限于个别事情上的'小勇'，而是明辨析理、自觉认识、深刻体察基础上的'不动心'，是深刻的、稳定的、连续的和

---

① 匡钊：《论孟子的精神修炼》，《深圳大学学报》2016 年第 5 期。

② 参见徐复观：《中国思想史论集》，九州出版社 2014 年版，第 173、178 页。

自然而然的'不动心'。"①

　　要达至这种"不动心"之境，需要一番养气的方法。按照孟子的说法，养气要"配义与道"，就是以义与道来养护，道义是浩然之气的根源，所以养气就是让心中时时充满道义。具体来讲，一是持志。"志"是"气"的统帅，志到达的地方，气便到达。那么，"志"是什么呢？在孟子那里，所谓"志"，就是每个人先天就有的"仁义之心"。"持其志"就是要守住每个人所固有的良知良能，凡事不可任性妄为，必须将心守定在义理之上，事情该当如何办便如何办，一切言行作为要合乎仁道。朱熹举例说："且以喜怒言之：有一件事，这里便合当审处，是当喜，是当怒？若当喜，也须喜；若当怒，也须怒，这便持其志。"② 就是说，该生气时便生气，不能有所顾虑而不敢生气，但也不可过度生气。凡事要审定义理所在，一切依理而行。当然，气对心也会有所影响。气若专一就会带动心志，就像心原本很平静，但是因为身体的飞奔跑跳而跌倒，就会影响心情，整个心随着身体行动的状况而起伏动荡。所以，要"无暴其气"，就是专一守住义理之所在，而不要任随欲望奔驰或从事与义理相悖或不相干的活动。

　　二是集义。所谓"集义"，朱熹解释说："集义，犹言积善，盖欲事事合于义也……言气虽可以配乎道义，而其养之之

────────────

　　① 张奇伟：《亚圣精蕴——孟子哲学真谛》，人民出版社1997年版，第160页。

　　② （宋）朱熹：《朱子语类》卷五十二，中华书局1986年版，第1238页。

始乃由事皆合义，自反常直，是以无所愧怍，而此气自然发生于中。非由只行一事偶合于义，便可掩袭于外而得之也……所行一有不合于义，而自反不直，则不足于心而其体有所不充矣。"[1] 依照朱熹的解说，"集义"的功夫就成为一种向外求取的知识活动，与孟子的思想理路并不相符。因为孟子的思想基础是价值意识内在于心，并由此而谈道德主体的存养扩充。因此，按照蔡仁厚的观点，所谓"集义"，就是"随时表现内心本有之义，以行其所当为之事"[2]。也就是说，培养浩然之气固然要集聚道义善行，但是这个道义必须由内心而发，不能是由外面取来的教条。如果内心对于某些教条式的义理还没有真正理解把握，就急于依照教义规条去践履，这便是"义袭"，是无法养出真正的浩然之气的。而且养浩然之气并非一朝一夕可成，它需要在日常生活中自自然然地行义，以道义为准则做事，以仁爱之心待人，经历日积月累，才能蕴养得成。因此，养气功夫，忌讳揠苗助长式的急于求成。

2. 博学慎思

儒家极为重视学习。《论语》首章为"学而"，首句即"学而时习之，不亦说乎"；《荀子》首篇为"劝学"，首句即"君子曰：学不可以已"；《礼记》中的"学记"，也是儒家论学名篇。

---

① （宋）朱熹：《孟子集注》，载《四书章句集注》，中华书局1983年版，第232页。

② 蔡仁厚：《孔孟荀哲学》，学生书局1994年版，第269页。

关于学习的目的与意义、目标与方法等问题，先秦儒家论述得非常充分。

人为什么要学习？荀子认为，有人希望能够由下贱变得高贵，由愚昧变得明智，由贫穷变得富裕，那就只有依靠学习来实现了。我们知道，荀子从自然情欲的角度谈性，明确提出性恶之论。这种人性论的认识使其高度重视后天的人为学习，认为学习是不断地塑造和提升生命、实现"化性起伪"的唯一路径。通过学习，最高可以成为圣人，至少也可以成为士人、君子，谁也无法阻止自己上进。因此，在荀子看来，学习是改变个人命运、使自己成为贵者、智者与富者的唯一路径。

当然，学习不仅仅是改变自身境遇或充实头脑的一种手段。《荀子》一书中，对孔子及其弟子厄于陈、蔡的事迹作过一番铺陈。荀子笔下的子路相信善恶报应、德福一致，所以他不理解为何夫子"累德、积义、怀美"却处于如此困境。而孔子回答说："且夫芷、兰生于深林，非以无人而不芳。君子之学，非为通也；为穷而不困，忧而意不衰也"（《荀子·宥坐》）。这里转述孔子的话，君子之学，不仅仅是为通达显世，也是要解决如何在困厄不得志的情形下不困惑，遇到忧患而意志不衰，懂得祸福生死的道理，而思想上不动摇，有定见的问题。

"闻道"需要学习。士人君子以道自任，"朝闻道，夕死可矣。"（《论语·里仁》）"闻道"可以说是孔子的终极关怀，在他看来，人就是为了"闻道"而活着的。在《论语·子张》中，子夏曰："百工居肆以成其事，君子学以致其道。"从这一章的文法脉络来看，"百工居肆以成其事"的"其事"，应是指"百工之事"；因此"君子学以致其道"的"其道"，应为"君子之道"。"百工居肆以成其事"，各种工匠在工作场所努力工作以成其器物，子夏以此为例，说明君子也应在终身学习中来成就"君子之道"。空有理想抱负而不认真学习，是根本无法实现的。据《论语·阳货》记载，孔子告诫弟子子路说："好仁不好学，其蔽也愚；好知不好学，其蔽也荡；好信不好学，其蔽也贼；好直不好学，其蔽也绞；好勇不好学，其蔽也乱；好刚不好学，其蔽也狂。"希望具有仁爱、智慧、诚信、正直、勇敢、刚毅种种优秀的品行，就必须认真地学习，否则就会走向受人愚弄、行为放荡、危害亲人、言语尖刻、犯上作乱、狂妄自大等反面。

在先秦儒家学者那里，学习本身就是一种目的和生活方式。孔子指出，学习的根本目的是充实自己、提高自己、成就自己。"古之学者为己，今之学者为人。"（《论语·宪问》）他本人就有这样的体验。《论语·述而》中说，学习能够给予人的，不是普通的感官快乐，而是一种精神上的愉悦。人生活在这种快乐之中，就如同在水中自由游动的鱼，鱼不是乐水，而是在水中自有一种说不出来的快乐，这种快乐能够让人忘掉贫困和忧愁，忘掉衰老和死亡。

怎样学习？《论语》这部语录集清清楚楚地记录了孔子的为学方法。孔子自称他不是"生而知之者"，而是喜好古代文化，勤奋敏捷去求取知识的人。他没有"常师"，说："三人行，必有我师焉。"（《论语·述而》）他"不耻下问"，声称自己"下学而上达"（《论语·宪问》）。"下学"的"下"，其实就是"形而下者谓之器"的"下"。下学就是具体的事物与技术之学。孔子在具体的事物与技术方面，是多能的。太宰曾问子贡：夫子是个圣人吧，要不然怎会如此多才多艺？孔子听见这话，说道："吾少也贱，故多能鄙事。"（《论语·子罕》）"鄙事"就是乡鄙之事，如农耕、园圃、畜牧等。孟子说孔子曾为委吏负责管理仓库，仓库账目搞得清清楚楚；又曾为乘田负责管理牛羊，牛羊得到茁壮成长。由此可见，孔子"下学"的方面是很多的。孔子所学虽然广博，却不以一艺著名，所以当时的达巷党人曾评价说："大哉孔子！博学而无所成名。"（《论语·子罕》）

陶希圣认为，时时练习礼、乐、射、御、书、数这六艺，并且"游于艺"，就是"下学"的功夫。他说："孔子早年教育士人，是以六艺。"但"到了晚年，孔子教导弟子，多依据六经而说明义理。"[①] 因此，孔门早年的弟子，如子路自称能治师旅，使其有勇；冉有自称能治小国，使其足民；公西华自称能在宗庙祭祀与诸侯会同中，为君之小相。孔子早期的弟子大抵都是作公室或大夫之家的宰和邑宰。到了后期，学生曾子、子张、子夏、子游之徒，受老师影响，也多说义理，如曾子所谓"忠恕而已矣"（《论语·里仁》），子张所谓"学以致其道"

---

① 陶希圣：《孔子论道》，《食货月刊》1980 年第 10 期。

（《论语·子张》），都是例子。不过，这并不是说孔子早年不讲义理，晚年不讲形器。孔子的"道"始终是就"器"来讲求的。由形器而讲求义理，叫作"上达"。上达的"上"，就是"形而上者谓之道"的上。孔子说："君子上达，小人下达。"（《论语·宪问》）意思是说，农、工、商贾等普通百姓只讲事物与其技术；自士人以上，应当追求事物之所以为事物的义理。

在孔子看来，假如君子为学不止于道，只是在形器的范围里"博学多识"，那就只能是一种有着特定用途的"器"。他又问子贡说："女以予为多学而识之者与？""非也，予一以贯之。"（《论语·卫灵公》）这是说为学不能止于形器方面的博学多识，必至于"一以贯之"的道。孔子常就事物的形器讲求义理。例如《诗》是古代流传下来的诗歌，孔子却讲求《诗》三百篇的义理，说：《诗》三百篇，可以用一句话来概括它，就是让人不生邪念，纯正思想。他要求学生们加以学习，说诗可以激发情志，可以观察社会，可以交往朋友，可以怨刺不平，进而从中体会出侍奉父母和君王的道理。又《诗》三百里有一章说："巧笑倩兮，美目盼兮，素以为绚兮。"意思是说，美的笑容，酒窝微动；美的眼睛，黑白传神；洁白纸上，灿烂颜色。孔子解释为"绘事后素"（《论语·八佾》），先有白色底子，然后才有绘画，再进一步解释为礼以素为质。例如射，孔子既学射的技术，又讲求射的"道"，以为射以命中为主，不以贯革为能。他又讲射是一种竞争，但射礼是"比赛时，先相互作揖谦让，然后上场。射完后，又相互作揖再退下来，然后登堂喝酒"，所以义理是君子之争（《论语·八佾》）。到了孔子的门人，子游与子夏诸人，仍有关于器与道的分辨。《论语·子张》记载，子游批评子夏的学生竟然学习洒扫庭院、应对宾客以及进退的礼节，似乎本末倒置。子夏则加以反驳，认为教授"君子之道"本来就有深浅、先后和种类之分，宜由浅近的事物开始做起，只要有始有终，是必定可以至于大道的。子夏言下之意，似乎认为"洒扫、应对、进退"等生活礼仪，正是"君子之道"的基础，不容蔑视。

　　"学"需要与"思"并行。《说文解字·教部》云："敩，觉悟也。从教从冂。冂，尚朦也，臼声。学，篆文敩省。"意思是说，"学"这一汉字是"敩"的简写，而"敩"有"教"和"觉"的双重意思，因此广义的"学"兼有学习与思考两个方面。"学"的原意是觉悟，而觉悟，必是发挥个人批判性思维用

| 明代孔子讲学图轴（孔子博物馆藏）

心思考的结果。只是到了后来，也许是随着文化传统的积淀，"学"的意义才侧重于对已有历史知识、经验的学习研究上。郝大维、安乐哲认为，"学习是一种严格意义上的占有——敬重优秀的文化遗产。它不要求学者改变传统的文化或产生新的思想。"而"思"则是"对某些既定的东西加以批判和评价"。"尽管孔子强调个人占有文化传统，他还是认为，要获得并接受现存的意义，就必须进行思考；为了使这些意义尽量适合并扩展到人们所处的环境中去，创造性的思考就是必不可少的。"① 因此，"学"与"思"二者是相互联系、无法分割的。

学习当然是多多益善，所以孔子把"学"与"容"相结合："君子尊贤而容众，嘉善而矜不能。我之大贤与，于人何所不容？"（《论语·子张》）要求以一种宽容开放的胸怀与人交往，从不同的人身上学习他们的优点与长处，因为"三人行，必有我师焉"（《论语·述而》）。而"思"除了要接受学到的东西，还要追求把握学习的条件、意义和目的："君子有九思：视思明，听思聪，色思温，貌思恭，言思忠，事思敬，疑思问，忿思难，见得思义。"（《论语·季氏》）君子需要在九个方面多加考虑：观看时，考虑看明白了没有；倾听时，考虑听清楚了没有；考虑脸色是否温和；考虑容貌是否庄矜；考虑说话是否忠实；考虑工作是否认真；遇到疑问，考虑如何向别人请教；将

---

① ［美］郝大维、安乐哲：《孔子哲学思微》，蒋弋为、李志林译，江苏人民出版社 2018 年版，第 29 页。

要发怒了，考虑会有什么后患；看见利益好处时，考虑是否符合道义。孔子要求君子做到"九思"，其实就是要求君子时时刻刻审视自己的一言一行，以求符合"仁、义、礼、智、信、温、良、恭、俭、让"的儒家基本要义。在这一过程中，"学而不思则罔"（《论语·为政》），一个人如果只是"学"而不能对所学到的基本要义进行批判性的思考的话，那么，他就无法真正展现其价值。所以，孔子告诫自己的弟子们："当仁，不让于师。"（《论语·卫灵公》）即便是老师的话，也要加以独立思考，以确定其正确与否。他还说，对于不肯动脑筋的人，他也不知如何加以教导。这充分表现出孔子对于"思"这种批判性思维的强调。

孟子不仅延续了孔子有关"思"的思想，而且创造性地赋予"思"以丰富而深刻的含义。王船山认为："《孟子》说此一思字，是千古未发之藏，与《周书》言念，《论语》言识，互明性体大用"[①]，高度赞赏其理论价值。"思"与"弗思"经常出现在孟子谈论人如何实践其内在固有的善性或寻回被放失的仁义之心等相关内容中。因此，"思"的作用是孟子有关性善理论的一个重要环节，尤其在他阐述人性价值的实践方面，具有一种关键的地位。

在孟子看来，我们要使心存而不亡，就必须由"思"下功夫。《孟子·告子上》中说，耳目等器官没有思维能力，不能

---

① （清）王夫之：《读四书大全说》卷十《告子上》，金陵曾刻本。

分辨是非善恶，只是被外物牵着走，它们所喜欢、所需要的，就会追逐。而心不同，它具有思考能力，能够分辨是非善恶。人与动物最大的区别就在于人有心，有觉解，知道什么该做，什么不该做，什么应得，什么不应得。而在此过程中，"思"发挥着决定性作用。可以说，"思"乃是操存的内在动力，也是先立大的所由立者。孟子所强调的各种修养功夫，如操持、存心、养性、推扩其心等，都是基于"思"而说的。换句话说，如何操、如何持、如何存、如何养，其具体内容只是"思"。所以，张奇伟认为，"思"是"良心、善端向自觉道德意识过程过渡的中介"，其形式是"向内'思'、反省自身，静观自我"，其实质则是"自我认识、良知体认、人格认同，或者说是道德主体意识的确立过程，道德主体意识由幽微而显现的过程。"①

"思"需要建立在"学"的基础之上。孔子不是空想冥思之人，他对于"思而不学"的方法有着明确的批评，认为重"思"轻"学"，危害更大："思而不学则殆"（《论语·为政》）。他说："吾尝终日不食，终夜不寝，以思，无益，不如学也。"（《论语·卫灵公》）不经过学习而凭空思考，是很难有什么收获的，思考必须以从文化传统中广泛汲取营养作为基础。孔子把"思而不学"视作无益之举，荀子也批评这种做法，说我曾经整天思索，却不如片刻学到的知识多；我曾经踮起脚远望，却不如

---

① 张奇伟：《亚圣精蕴——孟子哲学真谛》，人民出版社 1997 年版，第 147 页。

登到高处看得广阔。到了《中庸》中，则明确提出："博学之，审问之，慎思之，明辨之，笃行之。"要求广泛地涉猎学习，有针对性地提问请教，审慎周全地思考，形成清晰的判断力，并用学习得来的知识和思想指导实践。

"学"与"思"之间的相互作用，可以说是《论语》一书反复强调的主题："博学而笃志，切问而近思，仁在其中矣。"（《论语·子张》）"博学而笃志"意味着广泛学习并坚定自己的志向，"切问而近思"指的是对于学问要提出切实的问题，并且思考与自己当前情况相关的事情。通过这样的学习，人们可以在知识和道德上不断提升自己，最终达到仁德的境界。总之，人们必须勤奋学习，以获得流传至今的传统文化，同时，人们也必须充分利用现有的文化，使它适应自己生活的环境和时代，在实现传统文化的创造性转化和创新性发展方面作出自己的贡献。

3.践礼力行

儒学是一门实践性很强的学问。先秦儒家认为，道德不是知识而是内在的情感和品性，道德情感和品性需要在正确的引导之下于实践中不知不觉地培养起来的，而非依靠单纯的治气养心、知识学习就能获得。孔子常常要求弟子们在家孝顺父母，在外尊敬兄长，认真可信，广施爱心，亲近仁德之士，做到这些之后如果还有余力，才可以从事理论研究。这说明孔子只是引导弟子们怎么做与行，而不是空讲理论与道理。他还说，一个人熟读《诗》，甚至达到能够背诵的程度，但是交付的政事不会做，出使四方也应对不了，这样的知识又有什么用呢？在孔子看来，只有在不断的实践中才能锻炼能力增长才干，才能养成良好习惯、增益道德品性。

孟子则提出了"践形"理论。孟子认为，圣人尽心知性知天，充分扩充其四端之心，此时圣人具备的条件能力是践形。践形对应着形色，而形色又是身心修养后的呈现结果，所以践形必定带有身心修养的实践意涵。对此，王夫之有过十分详尽的解读。依据王夫子的观点，形上之道必定显现于形下形器之中，所以，必有形下之器才有道的存在。如果脱离了这一原则而高谈阔论形上之道，则是异端。所以在他看来，孟子的践形观是要践其下而非践其上，是要在人文世界中成就自己，而非成圣于杳渺虚无的形上世界。王夫之在这里并不是要反对形上思辨，而是认为形上世界必须有形下基础作为保证。如果没有在人文形下世界中的充分实践，所有的圣贤境界、君子人格都是空谈。

形下世界中的实践，最重要的便是对"礼"的践行。孔子常常教导自己的弟子们："非礼勿视，非礼勿听，非礼勿言，非礼勿动。"（《论语·颜渊》）他的弟子们也说：老师善于一步一步地诱导我，用各种典籍来丰富我的知识，又用各种礼节来约束我的言行，使我想停止学习都不可能。因此，冯友兰认为，在孔子的思想中，一个完全的人格，应是"仁"与"礼"

统一的体现①。《礼记·礼器》中说:"礼也者,犹体也。体不备,君子谓之不成人。"《礼器》以"体"训"礼",可见"礼"对于君子人格成就的重要意义。王博也提出,礼除了作为政治原则之外,它的另外一个重要意义体现在修身方面。它所具有的"约"与"立"的双重功能,表现出孔子思想中礼与生命之间的关系:从一方面来看,礼是对于血气生命的约束;而从另一方面来看,礼是对道德的生命即儒家"君子"的成就②。这就意味着,作为一个君子,其言行举止的各个方面都必须合乎礼的要求:"克己复礼为仁。一日克己复礼,天下归仁焉。"

对于孔子所说的"克己复礼",当代许多学者如杜维明、刘述先、何炳棣、孙国栋等都有过讨论。这一观念的内涵在20世纪90年代曾有诸多争议,当时争议的关键在于:"克己"是解释为"修身"还是解释为"克制自己的欲望"。前者以杜维明的观点为代表,后者则是何炳棣的见解。杜维明论"克己复礼",强调无"仁"之"礼"必落入形式主义,想要借此纠正一般仅从社会功能论仁与礼关系的看法。他认为"克己复礼为仁"是修身哲学的问题,是一种精神性的人文主义,而非克制自我的禁欲或无欲的问题③。何炳棣则主张"修身"有其积

---

① 冯友兰:《中国哲学史新编》(上),人民出版社1998年版,第164页。

② 王博:《中国儒学史》(先秦卷),北京大学出版社2011年版,第62、64页。

③ [美]杜维明:《诠释〈论语〉"克己复礼为仁"章方法的反思》,"中央研究院"中国文哲研究所2015年版,第31—33页。

极与消极意义，认为"克己"的"克"一定是"约也、抑也"，不应做其他解释①。这种对话历程的意义，除了显示不同观点上的差异，更涉及"经学考据"与"经典诠释"两种不同研究方法的差异。不过，从他们的讨论中可以看出，二人都承认"克己复礼"在本质上是一种"修身"的功夫。

践礼对于君子人格的养成之所以如此重要，是因为先秦儒家常常以"礼"来区别人与禽兽。孟子提出：一个人如果吃得饱，穿得暖，住得安逸，却不接受教育，就近似于禽兽了。他在这里所强调的"教"，乃是圣人为改变人类的自在状态而教以人伦的礼乐文化。人类在长期的群居生活中，自觉地结成了五种基本的社会关系，从而摆脱了动物界的自在性，相应地建立起调节社会关系的行为规范。因此在孟子看来，正是"礼"这一文化规范，将人与动物区别开来。荀子在《王制》篇中也提到："（人）力不若牛，走不若马，而牛马为用，何也？曰：人能群，彼不能群也。人何以能群？曰：分。分何以能行？曰：义。"这里的"义"就是"礼"。人有礼义，而动物却没有，在荀子看来，这正是二者最主要的区别所在。而且荀子出于性恶论的认识，高度重视后天的人为学习，认为这是塑造和提升生命、实现"化性起伪"的唯一路径。不过，学习到的知识，必须在实践中得到深化、修正和完善，方可谓达到最高的境

---

① ［美］何炳棣：《"克己复礼"真诠——当代新儒家杜维明治学方法的初步检讨》，《二十一世纪》1991 年第 8 期。

界。由于荀子主张学习的主要内容是礼，"学也者，礼法也。"（《荀子·修身》），所以，他所主张的实践也主要是一种礼仪实践和道德实践，"正义而为谓之行"（《荀子·正名》）。只有通过对礼仪和道德的实践，才能成为君子与圣人。

　　孔子之后，作为先秦礼制的重要汇编——《礼记》文本中呈现出丰富的有关"身"的资料。据林素玟统计，《礼记》中"身"字共出现 127 次，其中出现次数最多的语词是"修身"。她在归纳之后发现："身"的使用，多与生命、人格之德性有关；而与"礼"有关的身体概念，则常以"体"字呈现，表现践礼时人与人互动的行为、容貌、肢体，均为社会化的身体。所以，《礼记》的 49 篇文本中呈现出的，既有践礼的社会化身体、威仪的生活化身体，也有涵德的艺术化身体，其涵盖面较《论语》《孟子》《荀子》更为广大①。

　　《礼记》同样指出，在践礼的过程中必须符合因时、因地制宜以及相合相称的原则，是制礼五大原则"时为大，顺次之，体次之，宜次之，称次之"（《礼记·礼器》）中最受重视者。《祭义》与《玉藻》中说，孝子在举行祭祖的当天，脸色必须温和，步伐必须戒惧；举行奠基时，容貌必须温婉，形躯必须躬身，务必要将整个身心融入祭礼的氛围当中，才能仿佛见到所祭之祖先与父母。《祭义》与《玉藻》这两篇重点讨论的是祭祀祖

①　林素玟：《即身涵德、以体践礼——〈礼记〉的身体美学》，《成大中文学报》2019 年第 65 期。

先与父母时的容貌表情，而容貌表情是践礼者表达情意时极为重要的身体部位。这充分说明：无论在何种场合、践行何种礼仪，身体的容貌表情和体态展现都应该与当下的对象、空间、情感相称相合。

而由于践礼者全身体、全身心融入仪式当中，此时的空间，便由凡俗空间转化为神圣空间；此刻的身体，亦由凡俗的身体转变为践礼的社会化身体，由此开展出"礼身合一"的文化空间。

四、齐鲁文化中政德思想的传承与发展

西汉时期，儒家学说被确定为国家意识形态的根本依据，从此开始借助政权和体制的力量深深影响中国人的精神世界和政治生活，并由此形成源远流长的、以儒家思想为主干的政治文化传统。而齐鲁文化中的政德思想，就在这一过程中得到了持续性的传承与发展。

（一）为德而治

1. 天道尚德

西汉伊始，国家衰微，人民疲弱，社会普遍渴望休养生息。于是，崇尚清静无为的黄老之学就成了汉初统治者奉行的政治哲学。与此同时，以刘邦为首的统治集团也没有停止对长治久安之道的探讨。

秦朝为什么会如此短命？如何才能避免重蹈亡秦覆辙？在对这些问题的总结与思索中，先秦以来的主要思想流派开始出现交汇融合的迹象，儒家思想也在进行着自我调整，以便更适合成为专制王朝这种新兴共同体的集体表达。一种新的、以儒家思想为表达符号的"大一统"观念正逐步形成，而董仲舒于其间居功至伟。

董仲舒虽然是广川（今河北景县）人，但他自幼研习《春秋》，且曾师从齐国名儒公羊寿，实际上是一位齐学大儒，更是先秦齐鲁儒学在汉代的最主要的继承人之一，同时也是汉代新儒学的创始人。为了解释和论证人类社会各种秩序与制度的起源和根据，董仲舒吸取了前人的天道观以及阴阳五行学说，向人们描绘与构建了一个以"天"或"元"为支点的宇宙和人类社会的基本图景。在董仲舒所描述的宇宙与世界里，宇宙万物都有一个共同的起源或本原，它就是"天"，由于"天"是宇宙万物的本体和始基，所以也叫"元"，是宇宙间最高的创造者和主宰力量。

人作为万物一分子，当然也是为天所生，人类的行为，人类的基本社会政治关系和政治组织，人类的基本治国大道，也都来自天，即所谓"道之大原出于天"（《汉书·董仲舒传》），"仁义制度之数，尽取之天"（《春秋繁露·基义》）。天道决定了王朝的兴衰，如"天以天下予尧、舜，尧、舜受命于天而王天下"（《春秋繁露·尧舜不擅移汤武不专杀》），即上天将君位传给尧舜，尧舜从上天领受天命而统治天下。周取代商也是"天之所以兴周国也，非周国之所能为也"（《春秋繁露·郊语》），这是上天用以振兴周朝，不是周朝自己就能做到的。

人来自天，那么天与人、天道与人事之间就可以沟通、感应。不过，唯有圣王或者合格的君主，才能体察天道，成为沟通天人的代表与媒介。大意的最集中体现是它那化育万物的"仁"的精神："仁之美者在于天。天，仁也。"（《春秋繁露·王道通三》）不过，天高高在上，人如何感知"天意"，天又如何向世人传递其喜怒哀乐？董仲舒认为，通过世间万物欣欣向荣，生长发育，就可以体察到天的根本精神和最高要求是"仁"。同时，天还可以通过祥瑞、灾异来表达对君主政事的褒贬奖惩。合格、有道之君，就会"天下之人同心归之，若归父母，故天瑞应诚而至"（《汉书·董仲舒传》），上天会降下祥瑞，作为得天命的"受命之符"。而受命之符实际上还是靠德，如果一个君主在治国时出现失道失德之处，上天就会降下灾害加以谴责警告；如果君主还不知悔改，就会降下怪异之事以警觉恐惧之；如果仍不加以改变，就会以更大的"伤败"加以惩罚。这种对君主内在之德的强调，是和齐鲁文化中以德致位的思想相贯通的。

东汉时期，今文经学日益与谶纬迷信相结合，因而推演灾异的阴阳之术也就大行其道。此期的齐鲁大地产生了两个以善风角、星算、天文阴阳之术著名的人物，一个是郎顗，一个是襄楷。

郎顗字雅光，北海安丘（今山东安丘西南）人。顺帝时，灾异屡次出现，阳嘉二年（133年）正月，公车征召，听取他对朝政的意见。郎顗于是以天人感应论为根据，说："臣听说天降妖象，地现灾符，为的是谴告人主，责躬修德，使正机平衡，流化兴政。"（《后汉书·郎顗传》）又引《易内传》"凡灾异所生，各以其政。变之则除，消之亦除"一段话，要求当今皇帝温习曾子三省其身之勤，思过念咎，务消大悔。接着，他从两个方面抨击时政，并提出救治之策，一曰以俭约救奢侈；二曰改变三公尸位素餐，悠游自得，安逸度日的风气，从上到下的各级官吏都必须公忠体国，各司其责，以消除灾害、得到升平为己任。顺帝看了奏章以后，觉得有些道理，于是让他对尚书详细陈述自己的意见。郎顗于是条奏七事，进一步向顺帝进言：一事，节约陵园、宫殿、官府修建装饰之费；二事，立刻选用贤良；三事，为百姓减负成灾；四事，出后宫之女；五事，防羌患；六事，罢司徒以应天意；七事，立足变革，改元更始。最后，郎顗再次吁请顺帝"聘贤选佐"，并推荐黄琼与李固，认为二人才德堪大用。黄琼、李固后为名臣，同外戚梁冀的专擅贪残进行了针锋相对的斗争。

襄楷，字公矩，平原隰阴（今山东临邑西）人。他好学博古，且善天文阴阳之术。桓帝在位时期，宦官专权，政刑暴滥，天灾连连发生，桓帝的儿子也连连夭折。襄楷实在看不下去了，即于延熹九年（166年）诣阙上书，借天象异变，抨击朝廷不修仁政，诛罚太过残酷，为无辜而遭冤杀的太原太守刘瓆、南阳太守成晋鸣不平。襄楷的奏议，尽管充塞着不少符瑞灾异的比附，也没有触及当时黑暗的政治的症结，但对桓帝时期冤杀无辜的滥刑之弊的指斥还是击中要害的。奏书呈送十余日以后，没有回音，于是再次上书，对桓帝极尽规谏之意。其内容一是改变冤假错案集结、忠臣良吏被杀的黑暗局面，迅速理察冤狱，为被冤杀的忠臣良吏平反。二是限制宦官的权力和地位。他说，宦官只应该从事市买之类低贱杂役，而今将其推尊到常伯之任，实在是天意难容的错位。三是宫中既立黄老、浮屠之祠，应该贵清静，尚无为，省欲去奢。

郎顗和襄楷是东汉时期数以千百计的以天象变化附会符瑞灾异的经术之士的典型代表，是今文经学日益谶纬化的产物。此二人之所以值得重视，就在于他们与东汉中期以后日益高涨的社会批判思潮相呼应，在迷信的外衣下透出理性思考的光芒。

2. 以民为本

在董仲舒看来，上天之所以需要君主管理下民，其根本目的就是要通过君主实现天的意志，通过效法上天而行大道。而天道以"仁"为内涵，所以他强调王权只会授予那些能安乐民众的有德之君。人民不是君主的目的，相反，君主成为人民的目的，这无疑是一种"天"之下的民本主义思想。

君民一体。董仲舒说："君者，民之心也；民者，君之体也。"（《春秋繁露·为人者天》）他将君比作心，民比作体，民乃立国之本，有体才能有心，体之不在，心将存焉？他还说："王者，民之所往；君者，不失其群者也。故能使万民往之，而得天下之群者，无敌于天下。"（《春秋繁露·灭国上》）民之所往是君之存在的条件，君不可失群，失去民众则政权不保。君如能使万民所往，并得天下之民众，那么他将无敌于天下。由此可见，民对君来说是多么重要！

董仲舒还主张伸天仁民。天子从上天接受天命，但得受天命就可以称为"天子"了吗？当然不是，还要以"德"得民心，得百姓意，才是真正的天子。他在《春秋繁露·为人者天》中说："唯天子受命于天，天下受命于天子，一国则受命于君。君命顺，则民有顺命；君命逆，则民有逆命。"这句话包含两层意思：其一，民从君乃天经地义；其二，君有德则民为顺，君无德则民为逆。"伸君"的前提是"伸天"，即君必须效法天地之仁，否则就会像桀纣一样，虽高居君位，却不过是一个失去民心的独夫罢了。

因此，董仲舒公开主张汤武革命。他认为桀纣这些失去民众的无道之君，"虽立天子诸侯之位"，也只是没有民众支持的"独身者""一夫之人"，应该加以讨伐。"夏无道而殷伐之，殷无道而周伐之，周无道而秦伐之，秦无道而汉伐之。有道伐无道，此天理也。"（《春秋繁露·尧舜不擅移汤武不专杀》）董仲舒把殷灭夏、周灭殷、秦灭周、汉灭秦的原因说成是有道伐无道，一方面说明它们之间取代与被取代是正当的，因此汉政权的建立也是具有合法性的；另一方面也对统治者提出警告，要求统治者要效法天道、施行仁政，否则就会被推翻。从董仲舒的这些言论来看，他的反暴政的重民思想几乎同孟子如出一辙。

董仲舒民本思想披着天人学说的外衣，虽然带有浓厚的神秘主义色彩，但是从本质上看，他用天指引君主、约束君主，主张安民、乐民、为民、重民，民本思想的内涵十分丰富。

到了唐代，马周也从历史的经验中看到了民众的力量与作用。马周（601—648 年），字宾王，博州茌平（今山东聊城茌平）人。马周虽出身寒微，没有什么祖荫可作资本，但在唐太宗时期那种政治环境中，却由一介儒士凭借着自身的政治才能，官至宰臣，在"君臣论治"的过程中，屡屡发表自己的政治见解，对当时的政治产生了一定的影响。他一再告诫统治者，为政得失在于得民，在于民众之安乐。他并举出隋朝的例子：洛口之粟、东都布帛、西京府库，其储积至唐初尚未用尽，但结果如何呢？国破家亡！所以，他要求统治者"使民以时"，收敛有度，轻徭薄赋，体现了民之安乐而天下安的思想。

（二）以德而治

1.养民

西汉初年，黄老之学被统治者选为统治思想，是齐鲁文化第一次向全国展示了自己独特的风采。应该承认，黄老思想作为统治思想在西汉前期历史上所起的作用，其主导面是积极的。它作为政治上的主导思想，以轻徭、薄赋、节俭、省刑的政策满足了劳动人民的愿望，使西汉初年六十多年间社会稳定，生产发展，经济繁荣，为中国封建社会历史上第一个发展高峰——汉武帝时代的到来奠定了较雄厚的基础。

魏相字弱翁，济阳郡定陶人，后迁平陵。魏相任丞相9年，特别注重汉兴以来施政的历史经验和教训，基本上继承了文景时期与民休息的政策，使武帝时期动荡的国家社会形势继昭帝之后进一步稳定下来，为"昭宣中兴"时代的形成作出了贡献。他多次上书言事，供宣帝参考省察。其内容主要是要求皇帝为治理好天下辛勤劳苦，关心百姓，为水旱灾祸而忧虑，对贫穷、饥饿的百姓开仓发放赈济粮；观察风俗的好坏，举荐贤良人士，平反冤案；节省诸项用度，减轻租赋，开放山林湖泽让百姓渔猎，禁止用粮食喂马、用粮食酿酒和私人囤积居奇……看起来似乎是老生常谈，但真正能够做到，对安定百姓的生产与生活还是有利的。

 知识链接 ⋯⋯⋯⋯⋯⋯

倪宽以民为本

倪宽（？—前103年），西汉官吏，千乘郡千乘县（今山东广饶）人，精通经学和历法。据《汉书·倪宽传》记载，倪宽任左内史后，与右内史、主爵都尉分辖京畿三辅地区。当时贫富分化严重，尤其农忙或青黄不接时，一般百姓的生产生活都无法进行。为了缓和这种情况，倪宽借贷于民，并且不征收农民的田租，极力鼓励和支持百姓从事农业生产。他还组织百姓在境内原有的郑国渠沿岸增修了六条辅助渠道，用以灌溉沿岸高地，进而"开沟渎蓄陂泽"，备旱防荒，大大提高了郑国渠的利用效益，使左内史境内农业全面丰收。

倪宽劝农桑，修水利，行罚无极刑，狱讼无冤狱，自己平素起居"食若僮仆""食若庸夫""侧身行道"，且卑体下士、选贤任能，赢得了左内史境内官民的一致拥戴。但由于倪宽不收农民田租，朝廷考核时，他的政绩被评为最下等，按照汉朝官吏考核制度，这样的官吏要被罢免。左内史境内人民唯恐倪宽离去，争先恐后地交租，富有的大户赶着牛车，平民小户用肩挑，运粮的人不绝于道。上交的粮食很快就超过了田租规定数额，朝廷对倪宽的政绩考核不得不改为最上等。

唐朝时，曹州南华（今山东东明）人刘晏掌管李唐王朝的中央财政，前后近二十年。刘晏出任掌管财政之官，正值李唐王朝极度危难之时，天宝十四年（755 年）爆发而延续近八年之久的"安史之乱"，至此尚未平息；由此而引发的各种社会矛盾、民族矛盾、阶级矛盾交织在一起，其他一些地区的节度使、藩镇拥兵自割，军乱、兵变、民叛此起彼伏；边疆狼烟四起接连不断。致使整个黄河流域的农业经济惨遭破坏，大量人口在战争中死亡、逃散，十不存一；水利失修，河道淤积，土地荒芜，粮食匮乏。人祸之外，水涝、河溢、江溢、海溢、冰雹、风灾、旱灾、虫灾、地震等自然灾害接踵而至，致使本已残破的经济到了崩溃的边缘。作为政治统治中心的长安及关中地区每年缺粮约在百万石以上，必须从江淮地区运进。当时京师及关中地区刚刚经历战乱，整个关中地区处在饥饿的笼罩之中，粮食问题已成为一个亟待解决的头等大事。

刘晏针对积弊，作了一系列改革，其中包括：改进漕运、改进盐法、平抑物价等。刘晏的理财措施取得了巨大成功。粮运抵关中以后，对战后关中地区的物价平稳起了重大作用，也使久经战乱后的关中地区经济得到较快恢复。而且，漕运的畅通与发展不仅稳定了关中地区的物价，促进了其经济的恢复与发展，同时它也促进了漕运沿线地区经济的恢复与发展。刘晏还利用他所兼管江淮盐政的有利条件，改革盐政，用盐税的盈余来弥补漕粮的支出。面对安史之乱后混乱复杂的政治局势和匮乏残破的财政与经济状况，刘晏在平抑物价、稳定社会方面也做出了自己的努力。

2. 教民

儒家历来重视道德教化，反对不教而诛，认为"教，政之本也"（《春秋繁露·精华》)，教化是政治之本。只有重视对百姓的礼乐教化，百姓才懂规矩，有荣辱心。施以教化之后，如果再有触犯法律的行为，对其施以刑罚才是合乎仁道的，否则就是"不教而杀谓之虐"（《论语·尧曰》)，不实施教化，只使用惩罚杀戮的手段，就是虐待百姓。所以，君主要以道德教化为主，以惩罚为辅，这是得民心的根本。

历史上的所有王朝，都曾力图通过所谓"教化"来"移风易俗"，推行其思想统治。魏晋南北朝时期也不例外。譬如西晋皇室司马氏，原本是以儒学立家的大族，在以非正当手段夺得曹魏政权之后，倡导以"孝"治天下，而世家大族也大都以"孝悌"传家，《晋书》更是特立《孝友传》。晋朝统治者推行的孝道，既"用之于国"，亦"行之于家"，既能维护王朝统治，又可以维护大家族的利益，而当时以"孝悌"为荣形成社会风气，对于普通民众自然也会产生深刻影响。但是，社会各阶层所接受的"孝"，其内涵和实践情况却各不相同。处于动乱之世，世家大族不再重视"忠节"，他们看重的是其家族的维系与传承，形成重家轻国的道德观念，因而把"孝悌"作为维系和固结家族内部关系的纽带。当时普通民众虽然也在接受"孝悌"这一道德观念的同时接受了封建宗法伦理观念，但在具体实践中，则主要体现在"事亲""追远""立身"的行为之中。

对于这种情况，我们既不可因晋朝统治者提倡孝道的政治背景而否定其积极影响，也不可由于某些世族子弟把"孝"作为猎取功名的手段而否定其道德的普遍性。像琅琊王氏、颜氏都以"孝"著闻乡里，并受到历代民众的尊崇，名其村落为"孝悌里"，说明他们对世俗民风的深远影响。而就琅琊王氏、颜氏子孙实际表现来看，他们以"孝"传家，其社会影响也基本上是积极的。除社会上一般孝顺父母的行为受到表彰或得到社会肯定外，还表现在民间宗教活动之中。如在出土的大量的佛造像题记中，我们看到许多为父母祈福、祈寿而造像的发愿文，这类现象不应只看作所谓迷信行为，其中也表达了下层民众在缺乏社会关怀的情况下孝敬父母的真挚情怀。

　　董仲舒在《天人三策》中说："教化废而奸邪并出，刑罚不能胜者，其堤防坏也。"教化是治国大道，如果不以教化引导万民，那么奸佞邪恶便会丛生，就像是决堤的洪水，刑罚法令也无法阻止。"教，政之本也"，只有重视礼乐教化，才是抓住了治理国家的根本，才能让万民主动向善，而不是被动地不为恶。教化之根本确立了，四方百姓才会安定。东汉时，薛（今山东枣庄）人曹褒自小笃志向学，尤其喜欢礼仪之事，深受儒家思想影响。后被任命为圉县（今河南杞县）令，在县行政，以礼治理百姓，以德改变风俗，采取的是比较缓和的统治办法。一次，邻郡逃到圉县五名盗贼，县吏将其捕获。曹褒的上司陈留太守马严听到消息，立即指示他将五人杀掉，但曹褒认为惩罚太重，拒不执行。因为坚持不杀，得罪了马严，马严上书皇帝予以参奏，使得他被免去了县令之职，放归本郡做了功曹。

三国时，诸葛亮治蜀，将以齐鲁文化为主体的传统文化传播到西南偏远地区，影响极其深远。诸葛亮（181—234年），字孔明，琅琊阳都（今山东沂南）人。晋初，陈寿进《诸葛亮集》时，认为由于他在内政外交上采取正确的政策和策略，蜀汉出现了"风化肃然"的局面，以至于将诸葛亮受人民拥戴的情况与古代著名政治家召公、子产相比。陈寿强调诸葛亮根据当时的实际情况，对外采取了联吴抗曹的外交策略，对内则推行法治，赏善罚恶，奖忠励节，整肃吏治。诸葛亮以管仲自许，则其法治思想的渊源十分清楚。所不同的是，诸葛亮在法家思想中融进了儒家仁恕的内容，即所谓"荣恩并济"。

孔子非常重视教育，认为教育是修身、齐家、治国、平天下的必要手段。北海朱虚（今山东临朐）人管宁平生不以仕宦为意，专以教育生徒为务。汉末避地辽东，通过教授生徒，将《诗》《书》等儒家经典传布辽东，也将传统文化中的祭祀、礼仪制度以及行为道德规范传布到辽东。管宁是位恪守传统的学者和教育家，具有渊博的学识，也具有崇高的道德修养，在平素教育活动中，他不只言传，还注重身教。据皇甫谧《高士传》载，邻家之牛跑到管宁的田里吃庄稼，他把牛牵到阴凉处，喂以草料，比主人照料得还要周到。牛主极为惭愧，从此管宁住的地方再也没有争斗的声音，人们相互礼让的美德流传到各地。可见，其文化教育活动对当地的民风民俗产生了重要影响。

唐朝时，孔子第三十二代孙孔颖达继承与发展了孔子的思想传统，十分重视教育在治国安邦中的功能与作用。他从儒家传统的政治观出发，强调人的德行在施行德政中的重要性，认为只有"有德"的人，才可能行"善政"。因此，他提出做君做臣的治国安邦有三件大事：一是"正身之德"；二是"利民之用"；三是"厚民之生"（《尚书正义·大禹谟》）。所谓"正身之德"，就是说在上位的人首先要加强自身的道德修养，然后才能教化天下之人。从这一思想出发，他在《礼记正义·学记》中提出了"欲教化其民，成其美俗，非学不可"的主张，充分肯定了教育在造成良好社会道德风尚中的功能与作用，并强调要"教化其民"，将儒家的伦理道德转化为社会的共同认识，使人们能够自觉地遵守"三纲五常"的道德规范，以达到君不失君道，臣不失臣道，父不失父道，子不失子道，夫不失夫道，妇不失妇道，进而实现修身、齐家、治国、平天下的目的。如果人们各守其道，各正其位，那么，就会朝廷严正，天下无犯，王化得成。可见，教育是治国安邦、化民成俗的重要工具。

宋元时期，缙绅士大夫开馆授徒，兴建学校和书院，大办教育。如宋初著名的教育家、楚丘（今山东曹县东南）人戚同文隐居授学，很多人不远千里前来追随学习。兖州奉符人石介田耕于徂徕山下，居家授《易》，鲁人称呼他为"徂徕先生"（《宋史·石介传》）。密州诸城人齐得一幼时嗜学，及至长成，能读《五经》，善于教授乡里，士大夫子弟不远百里，都来随他就学，"士大夫子弟不远百里，皆就之肄业"（《宋史·齐得一传》）。兖州瑕丘（今山东兖州东北）人张延升也凭借着经学在乡里教书。滨州渤海（今山东滨州）人刘蒙解官后归乡授徒，跟随他学习的也很多。东平人高霖为父丁忧还乡之后，也以办学授徒为业。还有东明张特立、平阴李之绍、东阿李谦、泰安姜竑、济阳杨文郁、邹平张临、淄川王樵、安丘杨光辅等人，都以开馆授徒、兴办教育而见诸史籍。另外兴建、资助官私学校、书院而大办教育者，则有北宋时期的青州益都人王曾。他两次罢相，先后出任青州和郓州长官，亦先后在两地兴办学校。济南张炤出资购书万卷，资助济南府学办学。滕县任居敬在家乡倡导建立了性善书院，濮州鄄城千奴也在鄄城出资建历山书院等等。此类开馆授徒以及兴办学校书院的例子还有很多。

这样的学校教育也在淬化地方学风和民风等方面发挥着重要作用。如据刘敞《王沂公祠堂记》所云，王曾在青州和郓州兴办学校之后，两地的风俗开始改变，百姓知道重视诗书教育，并安于自然本性之乐，老师、宿儒、幼子、童孙笑容灿烂，得以重现三代之美，其移风易俗的教化作用极其明显。又据党怀英《鲁两先生祠碑》所载，平阴文士风行剽窃，并以从师、亲友为耻，丧失了原来的忠厚之道。自从乡贤王去非居家教授、大力倡导教育以后，"鲁人始识弟子之礼，士风为之一变"。虽然平阴士风的变化，绝非王去非的一时教育所致，但是其兴办教育的教化作用是显而易见的。

3. 任贤

董仲舒认为，社会风气不清明，黎民百姓不安乐，一个重要的原因就是"长吏不明"。"长吏"就是地方长官，是主要执政者。因此，董仲舒主张任贤。他深刻地指出，作为君主，没有不希望安存而厌恶危亡的，然而政治混乱、国家灭亡的很多，正是所任者非其人的结果。

汉魏间北海郡（今山东昌乐西）人徐幹认识到，政治的清明与否关键在于国君是英明之君还是愚暗之君，二者的区分在于"务本"还是"详于小事而略于大道，察于近物而暗于远数"（《群书治要·中论》）。一个英明的君主必须眼光远大，胸怀四海，其所务必在"大道、远数"。在他看来，一个英明的君主必须致力于中正之道与长远谋略。为此，要求君主的仁德足以覆盖生民，慈惠足以抚养百姓，光明足以照耀四方，智慧足以管理万物，机变足以应付无穷变化，道义足以丰富财物器用，威严足以应付奸邪不法，雄武足以平定灾祸混乱。同时，要求君主明达国家治乱兴废的原因，熟知社会安定与危殆的区别。而且，君主还必须能够虚心详尽地听取他人的意见，审慎地选取和任用人才。这里，徐幹为他心目中的圣明天子立下了一系列标准。这一系列标准，基本上涵盖了传统儒学对一个英明君主的要求，其中包括品格修养、智慧才能、威严气度和用人准则等诸多方面。

当然，徐幹也很清楚，尽管一个"务本"的"圣明天子"是清明政治的首要条件，但一个清明政府的运作却必须由成千上万的贤才组成的官吏队伍去完成。所以，选取和任用忠贞睿智的宰辅去领导整个国家机器的运作就十分重要了。在《审大臣》中，徐幹一再阐明大臣是治理天下万邦的"重器"，任用得人是政治清明的关键。为了选取符合要求的执政大臣，君主不仅要看众誉，而且必须"亲察"，犹如文王之识姜尚，齐桓公之拔擢宁戚。徐幹还特别指出"众誉"往往反映的是流俗之见，被誉者不见得是出类拔萃的治国英才。如果君主自己没有敏锐的目光，专门任用众人称赞的人，自己又不去了解，并且不用具体的事实加以考核，就会与真正的大贤失之交臂。从总体上看，徐幹的政治思想虽然没有超越传统儒学的框架，但他希望有一个"圣明天子"，选取几个"大贤"的宰辅，主持一个高效运作的官府，创造一个清明的政治局面的理想，还是有进步意义的。

西汉时期，鲁地人丙吉官至丞相。他十分关心百姓的疾苦，经常外出考察民情。一次丙吉外出，碰上一群人打架斗殴，死伤惨重。然而丙吉对此却不闻不问，径直往前走去。过了一会儿，碰上一位老农赶牛，此牛步履蹒跚、气喘吁吁，上气不接下气，直往外吐舌头。丙吉见此情景，赶紧停车，派车夫去询问赶牛人："赶牛走了几里路？"他手下的掾史疑惑不解，认为丙吉在这两件事上处理得不合适，有重畜轻人之嫌。丙吉却回答说："百姓斗殴死人，自有长安令、京兆尹等地方官处理，我作为丞相只要适时考察他们的政绩功过，上奏皇上，或论功行赏，或惩罚失职。宰相不亲自处理小事，所以这不是我应当在道路上审问处理的。而问牛的事则不同，如今正是春天，天气尚未炎热到酷暑难耐、大汗淋漓的地步，而农夫的牛走得急促，热得气喘吁吁，舌头都伸出来了，这显然是时令节气失调了。农业是天下的根本，农事受到影响，秋天就会歉收，百姓就要饿肚子，这是危害天下百姓的大事啊。我作为三公之一，自当忧国忧民，因此才过问赶牛之事。"掾史听后，认为丙吉顾全大局，能抓住主要矛盾，心悦诚服。

丙吉为相，崇尚宽大，喜欢礼让，对下级官员一向是掩过扬善。他的车夫喜欢喝酒，曾经喝醉吐在丞相的车上，主管官吏想开除这个车夫。丙吉却说："为喝醉的缘故就赶走人才，让这个人再到什么地方容身？还是容忍他一下吧！"就没有驱赶这名车夫。这个车夫家在边城，熟悉了解边城派出快马报告紧急情况的过程。有次车夫出门，恰好碰到边境派骑兵传送紧急文书到京城。他就到骑兵歇息的驿站打探，知道匈奴人已经进入了云中郡和代郡，立即回府向丙吉汇报情况。不久，皇帝下诏召见丞相和御史大夫，询问具体情况，丙吉一一详细回答，由此受到皇帝称赞。丙吉于是感叹说："人才没有不可宽容的，人的能力各有所长，假使我没有提前听到车夫的报告，哪里能被皇帝慰劳奖励呢？"

唐朝时，唐太宗之所以能够开创"贞观之治"，与他广延贤才、虚心纳谏密不可分。唐太宗即位以后，由房玄龄、杜如晦共同掌管朝廷政务，有关修筑宫殿的规模、典章制度等事情，都由二人商议决定，二人的政绩深得人们的称道，说起当时的良相，人们就会以"房谋杜断"加以赞许。在当时为皇帝担任求访贤才之职的齐州亭山县（今山东章丘）人房玄龄，在选人用人方面，能够做到：看见有本事的人，仿佛那本事长在自己身上一样高兴；不以求全来选人，不用自己的长处去要求他人；根据人的才能任用，不因他人的地位卑贱而有所排斥。这种用人精神，对于太宗时期的"贞观之治"是功不可没的。

同时期的博州茌平（今山东茌平）人马周也认为为政者首先必须考虑的问题就是官吏的选择，而在众多的官吏中最为重要的是身处基层的刺史和县令。对于当时在这一方面存在的问题——重内官轻外官的现象，马周提出了批评。他说，刺史、县令的选拔任用，事关整个社会的治乱安危，为此就必须挑选贤德之人为之。而当时"重内轻外"成为一个重大问题。这一现象不仅表现在对刺史、县令的任用上，而且在对官吏的考核上也表现得十分突出，为此马周也提出了自己的批评。对于马周的谏言，唐太宗心领神会，于是下令废除了子弟及功臣世袭刺史的制度。

（三）由德而治

1.忠诚担当

秦汉时期，薛县（今山东滕州南）人叔孙通是被司马迁誉为"汉家儒宗"的著名人物。汉高帝九年（公元前 198 年）叔孙通晋升为太子太傅，担当起教育太子的重任。高帝十一年（公元前 196 年），刘邦在戚夫人的诱劝下，打算改易太子，以赵王刘如意代替已被立为太子的嫡长子刘盈。此举在汉朝引起了一场轩然大波。满朝文武几乎一致持反对态度，其中反对最强烈的有两个人，一个是御史大夫周昌，另一个就是叔孙通。周昌反对的态度特别坚决，叔孙通阐发的理由特别充分。叔孙通直言不讳地劝谏刘邦说："从前晋献公因为宠爱骊姬，废黜太子，另立奚齐，结果造成晋国几十年内乱，被天下耻笑。秦始皇也因为不早定扶苏为太子，使赵高得以用奸诈手段立胡亥为皇帝，最终宗庙灭绝。这是陛下亲眼所见。如今太子仁义孝顺，天下都知道。吕后又与陛下艰苦创业，粗茶淡饭地共过患难，怎可背弃？陛下一定要废去嫡长子而立小儿子，我愿先受诛杀，用脖颈的血涂地！"

刘邦面对叔孙通如此强硬的态度和发自肺腑的泣血忠告，改易太子的决心发生了动摇，于是自我解嘲地对叔孙通说："我只不过是随便说说罢了。"但叔孙通毫不相让，声色俱厉地说："太子是天下的根基，岂能以天下为戏言呢？"最后逼得刘邦说出"吾听公言"方才罢休。在此次改易太子的风波中，叔孙通一改在秦廷时的圆滑狡黠、阿谀献媚之态，直言劝告，以死进谏，表现了一个直言敢谏的骨鲠之臣的凛然正气。正是由于他与周昌、张良等人的共同努力，最后刘邦打消了一度萌生的改易太子的念头，从而为刘邦之后的王朝稳定与发展作出了重要贡献。

元康（公元前 65—前 62 年）中，匈奴袭击屯田车师的汉军，双方激战，不分胜负。这时，正担任丞相一职的济阳郡定陶人魏相上书，劝谏宣帝不要对匈奴开战，认为匈奴虽犯军师，不过局部冲突，没有对汉朝大规模开战的迹象，而汉朝的国内形势，实在不宜轻启战端。宣帝后来与其他臣子谋议，理智终于占了上风，没有对匈奴开战。事实上，经过武帝时期汉匈间的大规模战争，双方的军事力量都受到重大损失，经济上也无力再支撑持续不断的战争。魏相清醒地看到这一点，从而阻止了一场不明智的战争，使"昭宣中兴"的形势没有因此而逆转。

武帝末年，巫蛊事起，丙吉奉命治巫蛊郡邸狱。此时，后来的汉宣帝刘询出生仅数月，也因其祖父卫太子之事系于狱中，丙吉便冒着生命危险将卫太子的嫡裔保护下来。昭帝病逝之后，霍光先立昌邑王刘贺继帝位。因刘贺荒唐，又将他废掉。丙吉抓住帝位未定之机，上书霍光，推荐养于掖庭的武帝曾孙、卫太子的孙子刘病已（后改名询）作为新的皇帝人选。获得霍光首肯，刘病已得立为新帝，是为汉宣帝。丙吉虽然对汉宣帝有救命之大恩，但他绝口不提自己的功劳。后因有一宫婢自称有保育之功，为了搞清事实真相，汉宣帝亲自查问此事，才知道丙吉是他的大恩人，于是封其为傅阳侯。五年之后，又将其由御史大夫晋升为丞相。

汉宣帝死后，汉元帝下令征召琅琊（今山东诸城）人贡禹为谏大夫，多次屈尊向他询问政事。贡禹鉴于当时年成不好，农业歉收，各郡县封地处境困难，以古今对比的手法，尖锐批评了当时社会上从上到下，尤其是皇室、贵族和官僚中存在的奢靡之风。他先虚拟古代社会的简朴，对汉初几代君王的节俭之行加以表彰，然后话锋一转，对当时皇室、贵族、官僚的极度奢侈靡费进行了十分大胆的揭露与抨击。面对社会上层集团如此严重的奢侈之风，贡禹认为挽救之策在于元帝"从我做起"，为全社会做出榜样。这篇洋洋洒洒近千言的上书，充分表现出一个敢于直面现实的忠贞之士的质直、诚心和坚毅，体现了贡禹对于国家、社会和百姓的责任感以及不计个人利害的高尚品格。因此，汉元帝赞赏他的忠诚，接受了他的谏言，对政事做了一定的调整，还将贡禹晋升为光禄大夫。不久，又让他代替病逝的陈万年为御史大夫，跻身于三公之列。

东汉时曹褒为官清正，关心下属和百姓疾苦。他任射声校尉时，买地殡葬了营区内百余具因无亲人而停棺待葬的士卒。不久升任城门校尉、将作大匠。当时有疾疫流行，曹褒探看病人，为他们请医送药，料理粥食，很多人被救活。永元七年（95年），曹褒出任河内太守。当时该地正值春夏大旱，粮食价格猛涨。曹褒到任后，立即采取措施，精简机构，裁减官吏，辞退邪恶凶暴之徒，节省官府开支，全力救助灾民。当年秋天，风调雨顺，百姓给养充足，流民也都得以返乡。然而，他却因上报灾情不实的罪名被免官。

贞观十七年（643年），唐太宗下诏褒奖在建朝过程中做出重大贡献的"二十四功臣","图形于凌烟阁",由著名画家阎立本作画，褚亮为赞，房玄龄乃是其中之一。其赞词说，房玄龄既有才干又有文采，思维精深，为官重名节，效忠皇帝而忘我。在太子李建成与秦王李世民之间矛盾白热化的关键时刻，房玄龄之所以坚定不移地站在李世民一边，为其筹谋划策，固然有其是秦府旧僚的原因，但我们也不能否定其为民着想的一面。正如他与长孙无忌密谋时所说："变端一作，大乱必兴，非直祸及府朝，正恐倾危社稷。"（《旧唐书·房玄龄传》）他在临终前所上《谏伐高丽表》中，也表达了这一思想。他说：陛下每次处决死囚，一定要让三番五次地奏报，并且吃素食、停音乐，都是因为人命关天，感动了陛下的圣慈之心。况且，现在的士兵，没有谁有罪过，无缘无故让他们投身战火之中，使他们肝脑涂地，成为无家可归的冤魂；让他们的妻儿老小，望着灵车痛哭流涕，抱着尸骨捶胸顿足，这足以使山河失色，天怒人怨，实在是天底下最惨痛的事情啊。并且，兵器是凶险的用具，战争是危险的事情，不到万不得已，不可动用。贞观元年（627 年），房玄龄奉太宗之命并省中央官吏，并省的结果，中央文武官吏由原来的两千余人缩减为六百四十三人。又根据唐太宗立法从宽的旨意修订律令，定唐律为五百条，立刑名二十等，与旧律相比较，缩减大辟刑九十二条，减流刑为徒刑者七十一条，其余删繁就简，改重为轻者甚多。

永乐五年（1407 年），明朝将安南改名为交趾，设立交趾布政使司。山东昌邑人黄福以尚书衔兼掌布、按二司事，全权处理交趾行政事务，时间长达18年。他减轻人民赋税，发展经济，保障粮食供给，开辟交通路线，鼓励商业贸易，对稳定交趾政局、加快交趾地区的经济发展起了很大的推动作用。同时，他还特别重视学校教育和科举制度的推行，设立府、州、县儒学及阴阳学、医学、僧纲等学科，并选拔优秀学子到北京国子监深造。其举措得到了安南人民的高度称赞和衷心爱戴，临回国之时万众出门送行，场面十分壮观。

2. 清廉自守

以儒生而荣登相位，淄川薛邑（今山东青州北）人公孙弘在西汉是一个开其端的人物。公孙弘未发达时，有过牧豕海上的经历，位极人臣后，仍然过着极为简朴的生活。但这种节俭行为却为其带来非议，汲黯就认为他身居高位俸禄甚多却过得如此清苦，是一种伪诈之行，于是向汉武帝告发。以武帝的奢靡，当然也无法理解，于是就此事询问公孙弘。公孙弘侃侃而谈，以齐国前后相管仲、晏婴截然相反的个人生活作风为例，说明奢侈与简朴是个人的选择，只要无害于行政，也就行了，别人不应该说三道四。公孙弘的回答，机智而得体，让汉武帝非常满意。

 知识链接

公孙弘推动儒生入仕

元朔五年(公元前124年)六月，公孙弘与太常、博士一起联名上书汉武帝，提出兴学、置博士弟子和任儒生为官的建议。此外，还有儒生为左右内史、大行卒史、郡太守卒史、中二千石属、郡县属等职的建议。这一上书得到武帝的认可，为广大儒生入仕开启了一个比较规范畅通的门径，使西汉的官吏成分发生了质的变化。对于这一新的人才选育制度的形成，公孙弘起到了不可替代的作用。

东汉时北海安丘人周泽，从小治《公羊严氏春秋》，后隐居教授，有门徒数百人，在地方上有一定声望。建武末年，他被大司马府召用，担任议曹祭酒。几个月后，朝廷召他试博士。中元元年（56年），周泽升任渑池令。他一心为公，严于律己，怜悯抚恤孤苦羸弱的人，官吏百姓都归附喜欢他。永平五年（62年），周泽升任右中郎将。十年（67年），任太常。周泽果断敢为，说话直率，多次据理力争，在京师口碑甚好。后来北地太守廖信犯贪污罪被逮捕入狱，财产被没收，汉明帝为表彰廉吏，特下令将所没收赃物赏赐给清廉之吏，朝中大臣只有周泽、光禄勋孙堪以及大司农常冲得此殊荣。汉明帝这一举措影响很大，当时京师一片和洽，在位的官吏都自我勉励。

平原郡高唐县（今聊城高唐）人华歆为汉末名士，为人谨慎，淡于财利，身为宰相，不置产业，家中没有担石存粮，魏文帝便赐他"御衣"，并为其妻子儿女一一制衣；在其官运亨通之际，举贤自代，屡屡恳辞，以"清德高行"誉满当世，是一位廉洁自律、关心国家利益的官吏。后世子孙中，华恒继承华氏家风，一生清恪俭责，虽居高位而常布衣蔬食，及死之日，家无余财，只有书数百卷，受到当时人们的尊重。

3. 严肃家风

魏晋以来，山东士族为保持自己家族的文化传统，以使子弟传习儒籍经传为主，同时也重视言传身教。除对自己严格要求外，还通过诫子书、遗命、家训等方式，将生平行事、价值追求及对子孙要求贯注其中。琅琊颜氏中颜延之的《庭诰》，尤其是颜之推的《颜氏家训》，是我国历史上该类家诫的代表。

《庭诰》即"庭训"，本自《论语》，取"过庭之训"，以文教训儿孙的意思。它的总要求是"树德立义"，身体力行。为人处世，应谦冲、大度、宽厚，躬自省察，信念坚定；应节欲、戒赌博、戒酗酒、戒浮华奢侈，喜怒有节、举止有度；不慕禄位、不弃贫贱，言直行正，唯德是依；与人交讲信义，赡人之急；审慎交友，不染恶习等。全文训诫子孙如何为人处世，不离孔孟之道。他善待仆妾、不鄙稼穑，虽从教儿孙处世的角度谈起，而出自世族文人颜延之之口，却反映出新的社会思潮的深刻影响。

颜之推所作《颜氏家训》内容广泛，大凡士大夫求学、处世、修身、齐家、治国等问题，都包括在内。在其规训下，颜氏家族世代"忠孝"传家，人才辈出。颜真卿《颜公大宗碑》中就记载，因颜氏家族代代以"恭孝"相传，故所居之村得名"孝悌里"。颜含"少有操行，以孝闻"，年少时就因孝闻名乡里，事迹详载于《晋书·孝友传》；颜之仪，"三岁能读《孝经》"（《周书·颜之仪传》）；颜惟贞"仁孝友悌"（《唐故通议大夫行薛王友柱国赠秘书少监国子祭酒太子少保颜君碑铭》）。颜惟贞所生诸子也都以"仁孝"著称，如长子颜阙疑"仁孝有吏能"；次子颜允南"仁孝有清识"；三子颜乔卿"仁和有吏干"（《唐故通议大夫行薛王友柱国赠秘书少监国子祭酒太子少保颜君碑铭》）；五子颜幼舆"孝悌仁和，精详礼法"（《左卫率府兵曹参军赐紫金鱼袋颜君神道碑铭》）；六子颜真卿"事亲以孝闻"（《旧唐书·颜真卿传》）；七子颜允臧"敦质孝悌，有吏能"（《唐故通议大夫行薛王友柱国赠秘书少监国子祭酒太子少保颜君碑铭》）。

颜氏家族还历代为国尽忠。如颜见远，为南齐御史治书，立于朝堂之上时严肃而不可侵犯。当萧衍企图夺取南齐政权并掌握了南齐中枢之后，颜见远不与之合作，于是托病辞官。不久齐和帝被弑，颜见远出于对南齐之忠，听说之后，悲痛而亡。梁武帝萧衍为此深恨颜见远，时人对他却评价甚高。无独有偶，颜见远之孙颜之仪在北周宣帝朝以敢谏闻名，因而也为周宣帝所忌，有一次甚至因谏诤几乎被杀。隋文帝未登大位之前，曾将他贬出京城，登上宝座后，却又称颂颜之仪："见危授命，临大节而不可夺，古人所难，何以加卿。"（《周书·颜之仪传》）意思是说，危难时刻勇于献出自己的生命，面临生死存亡的紧急关头却不改变节操，古人也难做到，用什么来嘉奖你呢？颜之仪性格刚正，为国忠烈，可见一斑。

兰陵萧氏世居兰陵郡（今山东兰陵），南朝时曾建立萧齐、萧梁政权。西晋末年，淮阴令萧整随流民南渡过江，居南兰陵武进之东城里。当时的萧氏并非望族，据《南齐书·高帝纪下》记载，萧道成说自己本是布衣出身，时势造英雄，方得成就大业。萧氏的真正崛起，是在刘宋时期。宋武帝刘裕的父亲娶兰陵萧卓之女萧文寿为继室，生长沙王刘道怜、临川王刘道规。萧文寿在刘裕称帝后被尊为太妃，宋少帝时被尊为太皇太后，死后谥曰孝懿皇后。由于与刘宋皇室的特殊关系，萧氏渐渐显达①。

士族之家除儒学传家外，也讲求做人的操守和品格，这一点已成为萧氏家族的家法和风尚。萧氏家族一脉相传的品格和操守，最大的特征便是为人耿直严峻。《旧唐书·萧瑀传》就记载，萧瑀"端正鲠亮"。这一特点，表现在处理政务上则是勤恳努力孜孜不倦，批评过失纠正错误无所顾忌；议论朝政明理善辩，但是不能宽容别人的不足。唐太宗就曾对他作出过评价："卿之守道耿介，古人无以过也。然而善恶太明，亦有时而失。"（《旧唐书·萧瑀传》）意思是说，萧瑀守志不移、刚直不阿，古人也无法超过，但是善恶分得太清楚了，有时也会失去分寸。

萧华，史书称他"谨重方雅，绰有家法"（《旧唐书·萧嵩传附子华传》）。也正是得益于他治家谨严，家门风尚流惠后世。如其孙萧俛，身居相位，坚持真理，看重名誉。每次授任官吏，

---

① 参见唐长孺：《魏晋南北朝史论拾遗》，中华书局 1983 年版，第 61 页。

常常考虑是否恰当，所以很少因选拔不当而受到指责。然而心中嫉恨奸邪，将重位看得很轻，受到当时舆论的称赞，说他天生孤傲清高不随流俗，执行法令坚持原则。据《旧唐书·萧俛传》记载，当时的银青光禄大夫、检校司空王播广泛贿赂宦官宠臣，求取宰相之位。萧俛生性嫉恨邪恶，当面说王播奸邪行贿，朝中朝外人们议论纷纷，不能让他玷污宰相的名声，并多次上奏。萧俛从弟萧倣，生性廉洁自守、公正严明。他出任广州刺史和岭南节度使时，虽然身处富饶之地，脂膏充足，但月俸之外，从来不贪公家一点便宜。家人生病，需要乌梅入药，萧倣却连公厨里的一颗乌梅都不许下人苟取。又如萧复，虽然生为皇亲国戚，家道显贵，可是少年时期的他却不以此为重，常穿旧衣，也很少与那些子弟相交往，在府中独居一室，苦学不倦，非文人名士绝不与之交往。建中元年（780 年）四月，萧复再迁为同州（今陕西大荔）刺史。这年天旱歉收。第二年春天，饥民饿死多人。同州境内有京赎观察使所设的粮仓，萧复擅自开仓放粮，救济饥民，救活无数饥民，百姓争相歌颂其德。朝廷有关部门上表弹劾他，萧复因此停职，同州百姓听说他要离任而去，拦路叩拜，感恩流泪。入京后朋友为之叹息，萧复笑道："如果有利于百姓，受怎样的处罚也在所不辞。以一人获罪，能救活多人，有什么值得后悔呢？"

唐代萧氏为官，多以鲠介、清操著称，不随流俗，不避权幸，萧氏此风，连续二百年相沿而不废，其家法门风的作用是十分显然的。

五、齐鲁文化中政德思想的当代价值

　　齐鲁文化中的政德思想是中国古典政治智慧的精髓，具有鲜明的民族特色和文化特征，在中国古代国家治理中曾经发挥过重要的作用。现在，我们必须立足于当代中国政治的基本走向和当今世界政治的发展潮流，坚持创造性转化和创新性发展的"两创"原则，以更为宽广的视野继承和发扬齐鲁文化政德思想中的优秀内容。

2014 年 10 月 13 日，习近平总书记在主持第十八届中央政治局第十八次集体学习时发表讲话，说："中国的今天是从中国的昨天和前天发展而来的。要治理好今天的中国，需要对我国历史和传统文化有深入了解，也需要对我国古代治国理政的探索和智慧进行积极总结。"①齐鲁文化中的政德思想是中国古典政治智慧的精髓，具有鲜明的民族特色和文化特征，在中国古代国家治理中曾经发挥过重要的作用。现在，我们必须立足于当代中国政治的基本走向和当今世界政治的发展潮流，坚持创造性转化和创新性发展的"两创"原则，以更为宽广的视野继承和发扬齐鲁文化政德思想中的优秀内容。

高举道德旗帜，凝聚道德力量。重视道德的力量，善于以道德的力量赢得人心，是齐鲁文化的独特性贡献。在齐鲁文化的政治哲学架构中，一直强调王权的合法性和至高无上的权威性皆来自"天命"，"王权"须靠"神权"来保证，而"天命"则随着执政者"德"的有无发生转移，统治者须"敬德"才能获得天命，即"皇天无亲，惟德是辅"（《尚书·蔡仲之命》），"通德者王"（《管子·兵法》），"天道赏善而罚淫"（《国语·周语中》）。齐鲁文化相信道德的吸引力和感召力，认为德的力量本身是无形的，然而却是强大的，可以转化为有形的力量，主

---

① 《牢记历史经验历史教训历史警示　为国家治理能力现代化提供有益借鉴》，《人民日报》2014 年 10 月 14 日。

张"德不孤，必有邻"(《论语·里仁》)，"得道者多助，失道者寡助"(《孟子·公孙丑下》)。因此，《大学》中说："古之欲明明德于天下者，先治其国。欲治其国者，先齐其家。欲齐其家者，先修其身。"这里实际上提出，个人、家庭、国家、天下都肩负有一个共同的任务，那就是要发扬人类最高的文化，表现人类最高的道德。所以，《大学》开篇即说："大学之道，在明明德，在亲民，在止于至善。"在齐鲁文化看来，道德既是人们立身处世的行为准则，也是国家兴盛发达和社会健全安宁的根本保证，道德在国家政治生活中居于核心地位。因此，正如钱穆所指出的那样，"中国人对政治的传统看法，一向认为政府不是代表一个权力，而只是一个机构，来执行一种任务，积极发扬人类理想的文化和道德"①。

而中国共产党作为执政党，也应担当起这一重任。因为文化是民族的血脉，是人民的精神家园，任何民族在走向现代化的过程中，都不能丢弃传统文化。包括齐鲁文化在内的中华优秀传统文化是中华民族生生不息、薪火相传、自立世界的文化基因，只有把中华优秀传统文化更好地融入到中国特色社会主义文化建设之中，才能为实现中国梦提供强大的精神动力和智力支撑。而道德力量是中国发展、社会和谐、人民幸福的重要动力资源。离开了道德力量的支撑，中华民族立不起来，中国也强盛不起来。党的十八大以来，以习近平同志为核心的党中

---

① 钱穆：《中国历史精神》，九州出版社 2012 年版，第 29 页。

央高度重视政德建设，不断推动政德建设走向新境界。这里讲的"德"，主要是指党的理想信念、根本宗旨、光荣传统和优良作风等，与中华民族传统美德是一脉相承的。新时代，必须强调道德对法治的支撑作用，坚持依法治国和以德治国相结合，推进国家治理体系和治理能力现代化。在国际关系中，强调世界各国必须维护国际道义，针对对国际秩序和人类生存构成严峻挑战的环境保护、气候变化、资源短缺、网络犯罪、恐怖主义等问题，以"人类命运共同体"的新视角，寻求人类共同利益和共同价值的新内涵。

弘扬民本思想，坚持人民至上。齐鲁文化政德思想的根本依据是"以德配天"，而"天听自我民听，天视自我民视"（《尚书·泰誓》）。天与民、天命与民心相通，民心所向就是天命所归。因此，齐鲁文化中的德性政治与民本政治是相互联系的。民本政治的具体要求包括养民、教民、任贤三个维度，"民之为道也，有恒产者有恒心，无恒产者无恒心"（《孟子·滕文公上》），"善政不如善教之得民也。善政，民畏之；善教，民爱之。善政得民财，善教得民心"（《孟子·尽心上》），"举贤以临国，官能以救民"（《晏子春秋·内篇问上》）。在历史语境中，以儒家为代表的民本思想具有充分的合理性和必要性，"人视水见形，视民知治不"（《史记·殷本纪》），人通过水可以看到自己的形象，国君通过人民可以知道国家治理得怎么样，人民群众是反映政治得失的一面镜子。

"以民为本"是齐鲁文化中政治思想的鲜明特征,在当代依然焕发着强大的生命力。全心全意为人民服务,立党为公,执政为民,是中国共产党同一切剥削阶级政党的根本区别。人民,只有人民才是历史的创造者,因此必须坚持以人民为中心的发展思想。坚持尊重社会发展规律与尊重人民历史主体地位的一致性,坚持为崇高理想奋斗与为最广大人民谋利益的一致性,坚持完成党的各项工作与实现人民利益的一致性。始终坚持人民的利益高于一切,党的一切工作必须以最广大人民的根本利益为最高标准。全党同志要始终坚持一切为了群众、一切依靠群众的根本观点,坚持党的群众路线,深入群众,深入基层,倾听群众呼声,反映群众意愿,集中群众智慧,使各项决策和工作符合实际和群众要求。所有党员干部必须真正代表人民掌好权、用好权,而绝不允许以权谋私,绝不允许形成既得利益集团。世界日益成为一个你中有我、我中有你的"命运共同体",面对世界经济的复杂形势和全球性问题,任何国家都不可能置身事外,独善其身。世界各国必须着眼于维护全人类的共同利益,不断增进人类福祉。

　　强化品德修养,引领社会风尚。确如学者所言,以儒家为代表的齐鲁文化政德思想的基本立足点和重心,是在于规范、约束领导者的思想和行为,要求他们自觉地增强道德认知和道德修养,以自身的道德践履和道德感召力,影响、带动广大民众提升道德境界、扩大政治认同,从而增强全社会的向心力、凝聚力，实现国泰民安的目标[①]。儒家在具体实践和经验观察的基础上，发现并总结出了上行下效、正人先正己的政治活动规律。"君子之德风，小人之德草，草上之风必偃"（《论语·颜渊》），为政者是老百姓的领路人，政治风气是社会风气的风向标。"上老老而民兴孝，上长长而民兴悌，上恤孤而民不倍"（《大学》），身居高位之人，如果能够做到尊敬长者、乐善好施、亲重贤能、崇尚道德、廉洁谦让，那么下面各级官员和普通百姓就会在其感召下，更加敬重长者、友善他人、结交益友、不为恶事、知耻有节。相反，如果身居高位者贪得无厌、违法乱纪，那么下位者将会更加肆无忌惮、寡廉鲜耻。所以，齐鲁文化对上位者的德行有更高的要求。无论是政治主张还是伦理规范，为政者自己如果不能身体力行，就无法真正实现让老百姓切实践履的愿望，所以孔子说："其身正，不令而行；其身不正，虽令不从"（《论语·子路》）。

齐鲁文化中深厚的德治传统，尊道敬德、为政以德、以德配位、以德服人等思想深刻地影响着当代中国人的思维方式和生活方式。在人们的意识中，中国的执政党必须具备高尚的道德情操，否则就不配拥有领导地位，也没有能力领导好这个国家，人们也不会信任和支持这样的政党。中国共产党是一个群体性组织，其责任必定要落实到每个党员身上。因此，以德治

---

① 裴传永：《治官而非治民：孔子德治思想的核心诉求与当代价值》，《孔子研究》2014 年第 6 期。

党，努力提高每个党员的精神修养和道德素质，自然成为题中应有之义。党员干部作为建设新时代中国特色社会主义事业的中坚力量和领导者，其一言一行和道德操守关乎党和政府的威信和形象，关乎整个社会道德风气的好坏，关乎伟大斗争和伟大事业的成败，尤其是作为"关键少数"的领导干部更是起着引领和模范的作用。因此，为推进党的事业全面发展，党的十八大以来，以习近平同志为核心的党中央，把"全面从严治党"提到了前所未有的高度，对党员领导干部的道德建设也提到了前所未有的高度。新时代，领导干部要充分发挥"头雁"作用，坚定理想信念，争做道德楷模，带头践行社会主义核心价值观，正确领导中国人民在新的伟大征程中奋勇前进。

参 考 文 献

（汉）班固：《汉书》，中华书局 1999 年版。

曹胜高、安娜：《六韬·鬼谷子》，中华书局 2007 年版。

程俊英、蒋见元：《诗经注析》，中华书局 2017 年版。

（清）董诰等：《全唐文》，中华书局 1983 年版。

（汉）董仲舒：《春秋繁露》，河南大学出版社 2009 年版。

（南朝宋）范晔：《后汉书》，中华书局 1965 年版。

黄寿祺、张善文：《周易译注》，上海古籍出版社 2007 年版。

黄焯：《经典释文汇校》，中华书局 1980 年版。

（唐）孔颖达：《礼记正义》，上海古籍出版社 2016 年版。

李波：《荀子注评》，上海古籍出版社 2016 年版。

李山：《管子》，中华书局 2009 年版。

李民、王健：《尚书译注》，上海古籍出版社 2004 年版。

缪文远、缪伟、罗永莲译注：《战国策》，中华书局 2012 年版。

（唐）令狐德棻等：《周书》，中华书局 1971 年版。

刘尚慈：《春秋公羊传译注》，中华书局 2010 年版。

（后晋）刘昫：《旧唐书》，中华书局 1975 年版。

鄯爱红：《政德论：心理结构与伦理行动的二重维度》，中国人民大学出版社 2019 年版。

（汉）司马迁：《史记》，中华书局 1999 年版。

汤化：《晏子春秋》，中华书局 2011 年版。

（元）脱脱等：《宋史》，中华书局 1977 年版。

（清）王夫之：《读四书大全说》，金陵曾刻本。

王国轩、王秀梅：《孔子家语》，中华书局 2014 年版。

王利器：《盐铁论校注》，中华书局 1992 年版。

王文锦：《礼记译解》，中华书局 2001 年版。

（三国吴）韦昭注、徐元诰集解：《国语集解》，中华书局 2019 年版。

（梁）萧子显：《南齐书》，中华书局 1972 年版。

向宗鲁：《说苑校证》，中华书局 1987 年版。

许维通：《韩诗外传集释》，中华书局 1980 年版。

杨伯峻：《春秋左传注》，中华书局 2018 年版。

杨伯峻：《论语译注》，中华书局 2009 年版。

杨伯峻：《孟子译注》，中华书局 2008 年版。

张双棣等：《吕氏春秋译注》，北京大学出版社 2000 年版。

（明）赵用贤：《合刻管子韩非子》，国家图书馆，19158 号。

（宋）朱熹：《四书章句集注》，中华书局 1983 年版。

（宋）朱熹：《朱子语类》，中华书局 1986 年版。

安作璋、王志民主编：《齐鲁文化通史》，中华书局 2004 年版。

蔡仁厚：《孔孟荀哲学》，学生书局 1994 年版。

陈来：《古代思想文化的世界》，北京大学出版社 2017 年版。

［美］杜维明：《人性与自我修养》，胡军、于民雄译，中国和平出版社 1988 年版。

［美］杜维明：《诠释〈论语〉"克己复礼为仁"章方法的反思》，台北"中央研究院"中国文哲研究所 2015 年版。

冯友兰：《中国哲学史新编》（上），人民出版社 1998 年版。

郭克煜等：《鲁国史》，人民出版社 1994 年版。

［美］郝大维、安乐哲：《孔子哲学思微》，蒋弋为、李志林译，江苏人民出版社 2018 年版。

李新泰主编：《齐文化大观》，中央党校出版社 1992 年版。

马平安：《周公治国——家国同构与敬德保民》，中国文史出版社 2022 年版。

钱穆：《先秦诸子系年》，商务印书馆 2005 年版。

唐长孺：《魏晋南北朝史论拾遗》，中华书局 1983 年版。

《童书业著作集》第 1 卷，中华书局 2008 年版。

王博：《中国儒学史》（先秦卷），北京大学出版社 2011 年版。

萧公权：《中国政治思想史》，辽宁教育出版社 1998 年版。

徐复观：《中国人性论史·先秦卷》，九州出版社 2014 年版。

徐复观：《中国思想史论集》，九州出版社 2014 年版。

许倬云：《中国古代社会史论——春秋战国时期的社会流动》，广西师范大学出版社 2006 年版。

杨朝明、王青：《鲁国历史与鲁文化探秘》，文物出版社 2008 年版。

余英时：《论天人之际》，中华书局 2014 年版。

余英时：《儒家"君子"的理想》，载《现代儒学的回顾与展望》，生活·读书·新知三联书店 2004 年版。

张奇伟：《亚圣精蕴——孟子哲学真谛》，人民出版社 1997 年版。

陈丽桂：《先秦儒道的气论与黄老之学》，《哲学与文化》2006 年第 8 期。

陈明恩：《原始生命的理性化——试谈孟子对于气的理解》，《鹅湖学志》1999 年第 23 期。

陈少明：《君子与政治》，《中山大学学报》2005 年第 4 期。

杜正胜：《古代世变与儒者的进退》，《长庚人文社会学报》2011 年第 1 期。

何炳棣：《"克己复礼"真诠——当代新儒家杜维明治学方法的初步检讨》，《二十一世纪》1991 年第 8 期。

匡钊：《论孟子的精神修炼》，《深圳大学学报》2016 年第 5 期。

林素玟：《即身涵德、以体践礼——〈礼记〉的身体美学》，《成大中文学报》2019 年第 65 期。

彭国翔：《"尽心"与"养气"：孟子身心修炼的功夫论》，《学术月刊》2014 年第 4 期。

陶希圣：《孔子论道》，《食货月刊》1980 年第 10 期。

朱心怡：《孔子"人道"思想的建立》，《汉学研究集刊》2007 年第 5 期。